RAPPORT

A M. LE MINISTRE DE L'INSTRUCTION PUBLIQUE
ET DES BEAUX-ARTS

SUR

LE CONGRÈS ET L'EXPOSITION

ORNITHOLOGIQUES

DE VIENNE, EN 1884,

PAR

M. E. OUSTALET,

DOCTEUR ÈS SCIENCES, AIDE-NATURALISTE AU MUSÉUM,
DÉLÉGUÉ DU MINISTÈRE DE L'INSTRUCTION PUBLIQUE ET DES BEAUX-ARTS.

EXTRAIT DES ARCHIVES DES MISSIONS SCIENTIFIQUES ET LITTÉRAIRES,
TROISIÈME SÉRIE. — TOME DOUZIÈME.

PARIS.

IMPRIMERIE NATIONALE.

M DCCC LXXXV.

RAPPORT

SUR

LE CONGRÈS ET L'EXPOSITION

ORNITHOLOGIQUES

DE VIENNE, EN 1884.

RAPPORT

À M. LE MINISTRE DE L'INSTRUCTION PUBLIQUE
ET DES BEAUX-ARTS

SUR

LE CONGRÈS ET L'EXPOSITION

ORNITHOLOGIQUES

DE VIENNE, EN 1884,

PAR

M. E. OUSTALET,

DOCTEUR ÈS SCIENCES, AIDE-NATURALISTE AU MUSÉUM,
DÉLÉGUÉ DU MINISTÈRE DE L'INSTRUCTION PUBLIQUE ET DES BEAUX-ARTS.

EXTRAIT DES ARCHIVES DES MISSIONS SCIENTIFIQUES ET LITTÉRAIRES.
TROISIÈME SÉRIE. — TOME DOUZIÈME.

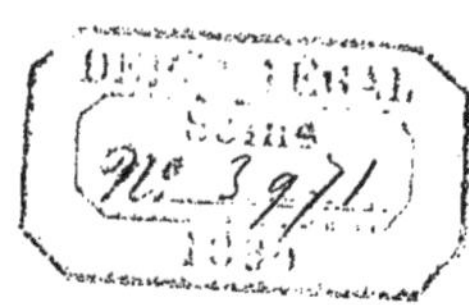

PARIS.

IMPRIMERIE NATIONALE.

M DCCC LXXXV.

RAPPORT

A M. LE MINISTRE DE L'INSTRUCTION PUBLIQUE
ET DES BEAUX-ARTS

SUR

LE CONGRÈS ET L'EXPOSITION

ORNITHOLOGIQUES

DE VIENNE, EN 1884.

Monsieur le Ministre,

Vous avez bien voulu me désigner pour représenter votre Département au Congrès ornithologique international de Vienne, et, suivant votre désir, j'ai l'honneur de vous adresser un rapport succinct sur les questions qui ont été traitées et sur les résolutions qui ont été prises dans cette assemblée.

EXPOSITION ORNITHOLOGIQUE.

La date de l'ouverture du Congrès, d'abord fixée au 16 avril 1884, avait été avancée et portée au 7 avril, afin de permettre aux délégués et aux amateurs venus de diverses contrées de l'Europe de visiter l'exposition ornithologique qui s'était ouverte le 4 avril et qui devait fermer ses portes le 14 du même mois. Cette exposition présentait en effet, pour la plupart d'entre nous, un réel intérêt, car elle offrait un côté pratique, représenté par une large série de volailles domestiques, avec tous les appareils nécessaires pour l'élevage des oiseaux de basse-cour, et un côté scientifique, représenté par quelques groupes d'oiseaux vivants et par de nombreuses dépouilles provenant, soit de l'empire d'Autriche, soit de pays lointains. En un mot, elle donnait une idée très exacte du triple but que s'est proposé la Société ornithologique de Vienne, qui cherche en même temps à encourager l'éducation des oiseaux de basse-cour ou d'agrément, à assurer la protection des espèces utiles et à répandre dans le public des notions d'histoire naturelle.

Fondée il y a quelques années sous le protectorat de Son Altesse Impériale et Royale l'archiduc Rodolphe, la Société ou plutôt l'Union ornithologique de Vienne compte actuellement plus de 230 membres ordinaires ou correspondants et a pour organe un journal mensuel, *Mittheilungen des ornithologischen Vereines in Wien*, dans lequel paraissent des relations de voyages, des catalogues régionaux, des descriptions d'espèces nouvelles, des traductions de mémoires étrangers. Elle a maintenant pour président d'honneur le marquis Henri de Bellegarde, grand propriétaire, éleveur distingué et chasseur infatigable, qui porte aux questions ornithologiques un intérêt particulier; pour président effectif M. Adolphe Bachofen d'Echt; pour vice-présidents le Dr Jean Jacob de Tschudi et M. Auguste de Pelzeln, un des savants conservateurs du Musée de Vienne, et pour secrétaire le Dr Gustave de Hayek. C'est par les soins de ces honorables membres du bureau que l'exposition de cette année avait été installée, de la manière la plus heureuse, dans le palais de la Société horticole, au n° 12 du boulevard du Parc (*Parkring*), en face du jardin de la ville et à proximité du centre de la capitale.

Dans cette exhibition, parmi les oiseaux de basse-cour, j'ai particulièrement remarqué de magnifiques Coqs et Poules *Phénix* du Japon appartenant à M. Hugo du Roi, conseiller de commerce à Brunswick, et à Mme la baronne Hélène d'Ulm-Ernibach, des *Langshans* et des *Plymouth-Rocks* provenant de la basse-cour de M. S. Heymann de Hambourg, de jolis Bantams nains de combat, de la variété rouge à plastron brun et de la variété à poitrine noire, exposés par M. le marquis et Mme la comtesse de Bellegarde, des Coqs et Poules de Bréda et de la Flèche à plumage noir, élevés chez M. le baron de Washington au château de Pöls, en Styrie, des métis obtenus par M. du Roi en croisant, d'une part la Poule de Bantam avec le Coq de Sonnerat, de l'autre la Poule Phénix avec le Coq bronzé, enfin des hybrides qui ont valu un premier prix à M. de Washington et qui résultaient de l'union du Faisan doré avec la Pintade ou avec la Poule Bantam dorée.

. Les Canards et les Oies étaient en petit nombre, tandis que la série des Pigeons était extrêmement considérable.

Les Pigeons voyageurs en particulier tenaient à l'exposition de Vienne une place qu'on voudrait leur voir occuper dans tous nos concours; le public et les membres du Congrès ont pu, à diverses reprises, assister à des lancers d'oiseaux de cette race appartenant, les uns à M. J. Maurer, peintre d'animaux à Munich, d'autres au Comité militaire autrichien, d'autres enfin à M. Franz Leichner de Mährisch-Schönberg. Ces derniers étaient de race belge. Quoique le temps fût mauvais et que le vent soufflât en tempête, ils parcoururent en quatre heures la distance qui les séparait de leur pigeonnier et qui était de 200 kilomètres, environ. Déjà dans les années précédentes quelques-uns de ces mêmes Pigeons avaient effectué le même trajet en 3 heures 12 minutes.

Dans d'autres salles de l'exposition se trouvaient des oiseaux vivants appartenant les uns à la faune indigène, les autres à la faune exotique. Quelques-uns de ceux-ci se rapportaient à des espèces très rares non seulement dans les jardins zoologiques, mais encore dans les musées : de ce nombre étaient une paire de Veuves à taches blanches (*Vidua albonotata*), une paire de Franciscains à ventre noir (*Pyromelana nigriventris*), des Foudis de Zanzibar (*Foudia eminentissima*), des Tisserins vert-olive (*Hyphantornis olivaceus*), des Tisserins de Cabanis (*H. Cabanisii*), des Tisserins-Loriots (*H. galbula*) et des Tisserins à ailes tachetées (*H. tæanioptera*) exposés par M. Fritz Schrödter de Prague.

D'autre Conirostres, également étrangers à la faune européenne, des Étourneaux et des Martins-roselins, des Pics et des Cassicans, étaient la propriété de l'Union ornithologique de Vienne, qui avait exposé en outre quelques beaux Pigeons et une série de Perroquets.

La ménagerie impériale de Schœnbrunn avait envoyé de son côté une série de volatiles indigènes et exotiques assez considérable pour peupler cinq volières, aux parois garnies d'arbustes, au plancher sablé ou couvert de gazon.

M. G. Steuba, de Styrie, avait exposé une très belle collection de Perroquets vivants, parmi lesquels on remarquait des Aras, des Cacatuas, des Platycerques, des Amazones et quelques espèces très rares du groupe des Loris (*Lorius hypoinochrous, Chalcopsittacus insignis, Coriphilus Kuhlii?*), un Trichoglosse orné (*Trichoglossus ornatus*) et un Perroquet accipitrin (*Berotypus accipitrinus*).

Dans la quatrième division étaient disposés, dans des armoires ou des vitrines, des spécimens d'oiseaux montés ou en peau, des nids et des œufs. Une des premières collections qui attiraient les yeux était celle du Musée d'Agram, en Croatie. Elle se composait de plus de 200 exemplaires d'oiseaux indigènes, réunis en groupe ou isolés et représentant les principaux types de la faune croate. Parmi ces spécimens, il y avait plusieurs albinos complets ou partiels de Martinet, d'Hirondelle de cheminée, de Huppe vulgaire, de Fauvette à tête noire, de Merle noir et de Bruant proyer, des individus à plumage anormal de Bruant jaune, de Moineau domestique, de Cochevis huppé, un Chardonneret à plumage mélanisé, et un métis très curieux obtenu par le croisement du Coq domestique et de la Pintade ordinaire. Quelques-uns de ces individus avaient, du reste, été déjà signalés à l'attention des ornithologistes par M. Spiridion Brusina, le savant directeur du Musée d'Agram, dans des articles insérés dans les *Mittheilungen* de la Société ornithologique de Vienne, en 1877 et en 1883.

Une série de dépouilles exposées par M. le Dr Schier, de Prague, offrait également de curieuses anomalies de plumage : ainsi, sur quatre exemplaires de Faisan commun (*Phasianus colchicus*), il y en avait un tout blanc, un moucheté et un d'un blanc argenté; une Chouette effraie, tout à fait adulte, avait la partie inférieure du corps d'un blanc pur, et une Corneille portait une livrée jaunâtre, passant au brunâtre sur la tête, les ailes et la queue.

Enfin d'autres anomalies de plumage existaient encore chez des Tétras exposés par M. K.-G. Hencke et M. A.-B. Meyer, directeur du Musée zoologique de Dresde; plusieurs femelles de petit Coq de bruyère ou Tétras birkhan (*Lyrurus tetrix*) portaient en partie la livrée du mâle. Ces anomalies sont communes chez les Faisans, où les poules qui ont cessé de pondre revêtent fréquemment le costume du coq et en prennent même les longues pennes caudales; mais elles sont beaucoup plus rares chez les Tétras, où elles ont été particulièrement étudiées par M. Hencke, dans une brochure intitulée *Hahnenfedrige Hennen*, et qui servait pour ainsi dire de commentaire à son exposition. M. Hencke constate que, chez toutes les femelles de Tétras birkhan à plumage de coq, il

existe sur la gorge une grande tache blanche et une strie de même
couleur le long de la tige de certaines plumes des parties inférieures. En outre, la plupart des rectrices ont, à l'extrémité, des
lisérés blancs bien distincts, que l'on retrouve d'ailleurs également
ment chez la femelle de Tétras auerhan à plumage de coq; d'autre
part, chez les mâles de Tétras birkhan, la gorge présente aussi
parfois quelques plumes blanches ou tachetées de blanc à la base,
et les parties inférieures du corps sont màrquées de quelques vestiges de raies blanches. Comment expliquer ces particularités?
M. Hencke pense que le moyen le plus simple consiste à admettre
que la livrée primitive de l'espèce n'était pas absolument identique à la livrée actuelle, que jadis les différences de plumage
étaient moins marquées entre les deux sexes, ou que peut-être
même le mâle et la femelle portaient un costume identique. Ce
costume, dans cette hypothèse, devait être de teintes brouillées,
et ce serait par suite d'une différenciation graduelle que l'espèce
aurait pris l'aspect qu'elle présente aujourd'hui. Quoi qu'il en soit
à cet égard, il est certain que les particularités signalées par
M. Hencke et que j'ai constatées moi-même chez une femelle de
Lyrurus tetrix rapportée au Muséum par M. de Ujfalvy semblent
indiquer une régression vers un type primitif. En faisant de nouvelles observations sur nos Tétras indigènes, les ornithologistes et
les chasseurs français pourraient contribuer à résoudre cette questions encore obscure.

Très intéressante aussi était la collection d'oiseaux du Caucase
donnée par le Prince héritier à l'Union ornithologique de Vienne.
Parmi ces oiseaux figuraient, à côté d'espèces que nous voyons
communément en Europe, comme le Martin-pêcheur vulgaire,
le Bruant jaune, le Pinson, la Linotte des vignes, l'Alouette ca-
landre, la Fauvette turdoïde, quelques espèces qui n'ont été signalées jusqu'ici que dans le Caucase, en Asie Mineure, comme
Picus Poelzami (Bogdanow), *Parus phæonotus* (Blanford) et *Acre-
dula tephronota* (Günther). Cette dernière espèce, décrite il y a
une vingtaine d'année (*Ibis,* 1865, p. 95 et pl. IV) sous le nom
d'*Orites tephronotus,* diffère par son mode de coloration de notre
Mésange à longue queue, mais a les mêmes allures et les mêmes
mœurs, et a pu être, dans certains cas, confondue avec l'*Orites cau-
datus.* Il est par conséquent fort possible qu'on en signale un jour la
présence sur divers points de l'Europe occidentale et méridionale,

ainsi que M. Giglioli le fait pressentir (voir *Ibis*, 1881, p. 186). En tous cas, elle paraît aussi avoir une distribution géographique assez étendue, puisqu'elle habite non seulement l'Asie Mineure (voir Danford, *Ibis*, 1877, p. 264 et 1878, p. 9; Sharpe, *Ibis*, 1868, p. 302; Dresser et Sharpe, *A history of the Birds of Europe*, 1871, partie XIV), mais encore le Turkestan (Dresser, *Ibis*, 1876, p. 172). J'en dirai autant du *Parus phæonotus*. Quant au *Picus Poelzami*, décrit par M. Modeste Bogdanow dans ses Oiseaux du Caucase, il ne constitue, suivant M. Seebohm (*Ibis*, 1883, p. 23), qu'une race, assez distincte, il est vrai, du *Picus major* de l'Europe occidentale. Il serait très intéressant de savoir si cette forme est confinée dans le Caucase, ou si elle s'étend du côté de l'Ouest et du Sud-Ouest, et je me permets d'appeler sur ce point l'attention des collectionneurs.

Puisque je parle des *Pics*, je dois citer aussi un échantillon curieux qui avait été exposé par le Dr G. de Hayek et qui consistait en un fragment de tronc d'arbre renfermant les provisions d'hiver du Pic formicivore (*Melanerpes formicivorus*). Ce Pic, que l'on trouve dans l'Amérique centrale, au Mexique et en Californie, et dont le Muséum possède de nombreux spécimens, rapportés de cette dernière région par M. de Cessac, ne se nourrit pas seulement de fourmis, comme son nom spécifique semble l'indiquer. Ainsi que plusieurs voyageurs ont pu le constater, il creuse en automne des trous dans l'écorce de certains arbres et y cache des glands destinés à lui servir de nourriture pendant la mauvaise saison. L'échantillon recueilli dans la province de Nevada et appartenant M. de Hayek était, pour ainsi dire, la démonstration de cette habitude singulière, qui n'est pas, du reste, spéciale au Pic formicivore, mais que M. de Saussure a reconnue également chez un autre Pic du Mexique, le *Colaptes rubricatus* (voir *Biblioth. univers. de Genève; Archives 1858. Observations sur les mœurs de divers oiseaux du Mexique*).

Le groupe des Oiseaux de proie était largement représenté à l'exposition ornithologique de Vienne. Ainsi au milieu de la grande salle, perchés sur un rocher, 55 spécimens d'Aigles tués en Galicie établissaient de la manière la plus nette le passage entre l'Aigle fauve (*Aquila fulva*) et l'Aigle doré (*Aquila chrysaetos*), que l'on a souvent considérés comme deux formes distinctes. Ces Aigles avaient été momentanément distraits de la grande collection formée par le comte Valdimir Dzieduszycki dans son château de Lemberg, collection qui renferme près de 1,500 spécimens et dont le catalogue, publié en polonais et en allemand, forme un volume de plus de 200 pages (*Museum imiena H^r Dzieduszyckisch we Lwowie. Grfl. Dzieduszycki'sches Museum in Lemberg.* Lwöw ou Lemberg, 1880). A la même espèce de Rapace, à l'*Aquila fulva*, appartenaient également des individus adultes, des jeunes pris au nid et un œuf recueillis par le Dr A. Girtanner, de Saint-Gall, dans les Alpes de la Suisse.

Non loin de là étaient rangées, dans des vitrines, des séries de dépouilles rapportées par le Dr O. Finsch, de Brême, de son long et fructueux voyage en Océanie. Nombre d'espèces auxquelles se rapportaient ces dépouilles étaient naguère encore inconnues des naturalistes; mais aujourd'hui plusieurs d'entre elles, je suis heureux de le constater, figurent dans la collection du Muséum de Paris, grâce aux acquisitions que cet établissement a faites récemment de M. Finsch et d'autres voyageurs.

Deux armoires renfermaient une collection formée par M. le baron Gabriel de Gunzburg durant les voyages qu'il a effectués en 1879 et en 1880, soit seul, soit en compagnie d'un autre voyageur français, de M. Wiéner, à travers la République de l'Équateur et des contrées voisines. Cette collection, comprenant des Oiseaux-mouches, des Cotingas, des Fourmiliers, des Tyrans, des Cassiques et d'autres oiseaux de l'Amérique tropicale, a été donnée par son possesseur à l'Union ornithologique de Vienne; mais M. de Gunzburg, après me l'avoir montrée en détail, m'a gracieusement invité à lui désigner les espèces qui me paraîtraient utiles pour le Jardin des plantes, en m'assurant qu'à son retour à Paris, il ferait tout son possible pour trouver parmi ses doubles les éléments d'une série destinée au Muséum d'histoire naturelle.

Le Dr Russ, de Berlin, bien connu par ses travaux sur les oiseaux de volière, avait mis sous les yeux des visiteurs quelques types remarquables appartenant à des espèces de Perroquets et de Passereaux qui ont été récemment introduits en Europe et que l'on a réussi à élever en captivité. Parmi les oiseaux ainsi exposés figuraient le *Palæornis cyanocephalus* (L.), les *Psittacula passerina* (L.) et *roseicollis* (V.), la *Fringilla cucullata* (Sw.), le *Coccothraustes diadematus* (Natt.), le *Paroaria melanogenys* (Lafr.), le *Pardalotus punctatus* (Lath.), une espèce d'Astrild (*Æginta* ou *Habropyga Luchsi*) décrite par le Dr Russ (*Gefiederte Welt* 1882, p. 6), la variété jaune de la Perruche ondulée (*Melopsittacus undulatus*), une variété de Platycerque (*Platycercus Bourki* Gould.), un métis de Nymphique de la Nouvelle-Calédonie (*Nymphicus cornutus* L.) et du Nymphique de l'île Uva (*N. uvacensis* Lay.), obtenu par M. le baron Cornély dans les volières du château de Beaujardin, près Tours.

Une des curiosités de l'exposition était une sorte de tableau vivant représentant un fauconnier du moyen âge entouré de tous les objets nécessaires à l'exercice de son art. Le décor au milieu duquel était placé ce personnage avait été exécuté par des artistes de grand talent, d'après le croquis du célèbre peintre Hans Mackart, et les objets d'art disposés à ses côtés, les armes, les étoffes, les chaperons, les entraves avec leurs grelots, en un mot tous les accessoires, étaient parfaitement authentiques et provenaient de la collection du comte Hans Wilczek, président de la Société de géographie de Vienne.

Le *groupe polaire*, placé dans une salle obscure, près de la sortie de l'exposition, réunissait les spécimens ornithologiques rapportés de la terre Jean-Mayen par le Dr Bernhard Fischer, médecin de corvette et naturaliste attaché à l'expédition organisée par M. le comte Hans Vilczek et commandée par le lieutenant de vaisseau de Wohlgemuth. La plupart de ces spécimens présentent un grand intérêt; aussi les ornithologistes attendent-ils avec impatience la publication projetée par M. de Pelzeln des observations qui ont été faites dans le cours de cette expédition.

Au premier étage du local affecté à l'exposition, une salle était exclusivement consacrée à la littérature ornithologique; là se trouvaient réunis une foule d'ouvrages didactiques, de livres populaires ou de mémoires scientifiques exposés par leurs auteurs ou par leurs éditeurs. Mais la plupart de ces ouvrages étaient en langue allemande, en langue anglaise ou en langue italienne. Encore les livres anglais ne venaient-ils pas directement de la Grande-Bretagne, mais se trouvaient exposés par des libraires de Vienne, et principalement par M. W. Kunast, directeur de la *Wallishauser'sche Hofbuchhandlung* (librairie de la Cour).

Parmi les ouvrages italiens, je citerai *l'Iconographie ornithologique de l'Italie* (*Iconografia della Avifauna italica*) de M. le professeur Giglioli, magnifique publication ornée de planches dues au pinceau de M. Albert Manzella, de Prato (Toscane), et une petite brochure destinée aux écoles primaires et rédigée par M. Andritto Giov. Batista de Turin (*via dei Mercanti, 6*). Cette brochure est intitulée *Petit catéchisme pour la conservation et la protection des Oiseaux* (*Piccolo catechismo per la conservazione et per la protezione degli Ucelli con raconti e note ad uso della scole elementari et per l'istruzione del publico, 1884. Turino. Tipografia Fodratti*), et son titre indique suffisamment le but que l'auteur s'est proposé. Ce but est le même que celui que M. Lebet, de Lausanne, M. Émile Lefebvre, de Paris, et M. Lescuyer, de Saint-Dizier (Haute-Marne), ont eu en vue, le premier en publiant une édition populaire des *Oiseaux dans la nature*, de M. Paul Robert, le second en s'efforçant de démontrer que *Tous les oiseaux sont utiles*, le troisième enfin en insérant, soit dans les *Mémoires de la Société des lettres, des sciences, des arts, de l'agriculture et de l'industrie de Saint-Dizier*, soit dans les *Mémoires de l'Académie de Reims*, divers travaux justement estimés et honorés de diverses récompenses.

Les *Oiseaux dans la nature* par M. Paul Robert, dont une édition allemande et une édition française ont paru presque simultanément, constituaient un ouvrage de luxe, de format in-4°, accompagné de nombreuses planches en chromo-lithographie et qui, par son prix élevé, ne pouvait rentrer dans la catégorie des ouvrages élémentaires. Au contraire, l'édition populaire, composée de huit planches murales représentant en couleurs quarante-huit des principales espèces d'oiseaux utiles que l'on trouve en Europe, est d'un prix relativement modeste (20 francs), et peut être, par suite d'arrangements spéciaux avec l'éditeur, obtenue dans des conditions encore plus favorables. Aussi cette publication, qui ne figurait pas à l'exposition ornithologique, mais dont M. Fatio a présenté un exemplaire au Congrès, a-t-elle été encouragée par une souscription du Gouvernement fédéral. Elle a pour complément une petite brochure intitulée *Les Amis de l'agriculteur*, et renferme des considérations générales et la description d'une cinquantaine d'espèces auxiliaires. Cette brochure pourrait servir de modèle pour une sorte de manuel ornithologique qui serait mis entre les mains des instituteurs des campagnes et qui leur fournirait quelques notions claires et précises sur les formes extérieures, les mœurs et le régime des oiseaux de la France. En ajoutant à ces notions le fruit de leurs observations personnelles, les maîtres pourraient faire à leurs élèves des conférences intéressantes sur les services que les oiseaux rendent à l'agriculture, et ils seraient préparés, d'autre part, à réunir sur la faune indigène des observations que les habitants des villes ne sont pas à même d'effectuer. Mais pour cela il faudrait que le manuel en question fût accompagné de figures représentant au moins les types principaux, et que, sans perdre le caractère scientifique, il se présentât sous une forme moins aride que la plupart des livres consacrés jusqu'ici à l'ornithologie de la France. Il faudrait aussi qu'il ne comprît pas seulement une catégorie d'oiseaux, mais la majorité des oiseaux que les enfants peuvent rencontrer dans leurs promenades. Rien n'est plus délicat à tracer en effet qu'une ligne de démarcation entre les oiseaux utiles et les oiseaux nuisibles. Comme l'a déjà reconnu M. Maurice Girard dans le *Catalogue raisonné des animaux utiles et nuisibles,* qu'il a publié en 1878 sous les auspices de votre Département, Monsieur le Ministre, une espèce déterminée, qui rend des services dans un canton où elle est répandue dans de justes proportions, peut causer en revanche certains dégâts dans un autre canton où elle s'est multipliée avec excès.

Pour garder dans cette question une sage mesure, l'auteur pourrait s'inspirer avec fruit des idées que M. F. Lescuyer a si bien exposées, dans ses mémoires sur les *Oiseaux de passage et tendues* (1876) et sur l'*Utilité de l'Oiseau* (1883). Ces deux ouvrages ayant précisément pour objet une des questions qui étaient inscrites au programme du Congrès, j'aurais désiré les voir figurer à l'exposition ornithologique de Vienne, où, je n'en doute pas, ils eussent été vivement appréciés; de même que j'aurais été heureux de présenter à mes honorables collègues le travail que le même naturaliste se proposait, m'a-t-on dit, d'envoyer au Congrès et que l'état de sa santé ne lui a pas permis de terminer à temps.

Au nombre des livres et des recueils périodiques allemands exposés par la *Wallishausser'sche Hofbuchhandlung,* par le Dr Carl Russ et par M. Thienemann, de Zankenberg (Saxe), un grand nombre avaient trait aux questions dont M. Lescuyer s'est occupé; je citerai seulement le *Journal de l'Union pour la protection des oiseaux,* de Salzbourg (*Jahresbericht des Vereines für Vogelkunde und Vogelschutz in Salzburg,* années 1876 à 1883), le Bulletin mensuel de l'Union allemande pour la protection des oiseaux (*Monatschrift des deutschen Vereines zum Schutze der Vogelwelt*), rédigé par

M. W. Thienemann (années 1881-1883), les travaux bien connus du Dr L.-C.-W. Gloger (*Vogelschutzschriften*, nouvelle édition par le Dr C. Russ et Bruno Dürigen), *La question de la protection des oiseaux* (*Die Vogelschutzfrage*), par le professeur Bernard Borggreve, une brochure sur le même sujet (*Die Frage des Vogelschutzes*) par M. George de Frauenfeld, et une autre (*Zum Vogelschutz*) par le Dr Russ. Enfin, je ne dois pas oublier de mentionner un cahier manuscrit envoyé par un instituteur de Vogelsheim, district de Colmar (Haute-Alsace), et renfermant les statuts d'une association de jeunes gens pour la protection des oiseaux et les résultats déjà obtenus par cette société. Les associations de ce genre sont très nombreuses en Allemagne et en Autriche, et il serait à désirer qu'il s'en constituât de semblables sur divers points de notre territoire, afin de seconder les efforts de la Société protectrice des animaux, qui a peine à suffire à la lourde tâche qui lui est imposée. Ces associations pourraient être utilement rattachées aux sociétés scientifiques de province, qui leur donneraient des conseils et une direction qui leur sont absolument nécessaires. En effet les quelques associations d'enfants qui se sont formées dans quelques-unes de nos écoles primaires, à l'instigation des maîtres et des inspecteurs, n'ont pas rendu autant de services qu'on pourrait le souhaiter, parce qu'elles se sont proposé un but mal défini. Elles ont voulu à la fois défendre les nids des oiseaux utiles et détruire les nids des oiseaux nuisibles, sans tenir compte des difficultés que les enfants éprouveraient à établir une distinction entre ces deux catégories. Comme le dit M. de la Sicotière dans son *Rapport au Sénat* (p. 60, note), « il est permis de penser que beaucoup de nids d'oiseaux utiles seront détruits avec ceux des oiseaux nuisibles, par l'ignorance ou la précipitation des jeunes chasseurs. Cette destruction de nids souvent placés au sommet des grands arbres (et tels sont ceux de beaucoup d'oiseaux nuisibles) ne sera pas toujours sans danger. Elle encouragera *l'école buissonnière*, ennemie traditionnelle de l'école véritable. Il arrivera même que le zèle des surveillants tournera souvent au détriment du nid qu'ils voudraient sauver. Qui ne sait la *susceptibilité* de beaucoup d'espèces d'oiseaux, et la facilité extrême avec laquelle ils abandonnent leurs œufs, et même, quoique plus rarement, leurs petits, quand ils sont souvent visités ? La protection des petits oiseaux pendant l'hiver, temps où on leur fait une si impitoyable guerre, la destruction des insectes nuisibles, la conservation de ceux, en trop petit nombre, qui font la guerre aux ravageurs, le zèle et les progrès dans l'étude des rudiments d'insectologie qui leur sont enseignés, devraient figurer, au moins autant que la conservation des nids des oiseaux utiles ou la destruction des nids des oiseaux nuisibles, dans le programme de ces associations. »

Mais je m'aperçois que cette digression m'a entraîné un peu loin de l'exposition ornithologique, et que je n'ai rien dit encore des nombreux traités et manuels qui y figuraient et qui avaient pour objet les oiseaux de basse-cour. Dans cette catégorie d'ouvrages, j'ai remarqué surtout les beaux livres illustrés de M. A. Édouard Baldamus : 1° *Illustrirtes Handbuch der Fiederviehzucht,* en deux volumes, le premier consacré aux Poules, aux Oies, aux Canards, le second aux Pigeons et aux Oiseaux d'agrément ; 2° *Das Hausgeflugel,* description de toutes les races de volailles et indication des soins à leur donner ; le *Livre illustré des Poules (Illustrirtes Hühnerbuch),* de M. J. Völschau ; les *Poules (Die Hühner),* de M. C. St. Heinert ; les *Espèces et races de Poules (Die Arten und Racen der Hühner),* du Dʳ L.-J. Fitzinger ; la *Basse-cour (Der Hühner-oder Geflügelhof),* de M. OEttel-Robert ; le *Livre des Poules (Das Hühnerbuch),* de M. J.-F.-W Wegener ; le *Dindon (Das Truthuhn),* de M. H.-J. Schuster ; l'*Élevage des Faisans (Die Fasanenzucht),* de M. A. Gœdde ; le *Pigeon voyageur (Die Brieftaube),* de M. Paul Schomann-Rostock ; le *Pigeon voyageur (Brieftaube),* le *Manuel de l'éleveur, du marchand et de l'amateur d'oiseaux (Handbuch für Vogelliebhaber, Züchter und Händler)* et le *Monde emplumé (Die Gefiederte Welt),* du Dʳ Russ, et le journal *Pfälzische Geflügelzeitung,* organe d'un grand nombre d'éleveurs allemands. Ce dernier recueil publie un supplément (*Deutsche Canarienzeitung*) qui s'adresse exclusivement aux amateurs de Serins. En Allemagne ces amateurs se comptent par milliers ; aussi y avait-il à l'exposition une dizaine de petits volumes sur l'art de conserver et de faire reproduire en captivité les diverses races de Canaris (*Der Kanarienvogel,* par le Dʳ Russ ; *Der Harzer Kanarienvogel,* par Carl Ritsert ; *Der Canarienvogel,* par Ferdinand Kleeberger, etc.)

Les autres oiseaux de volière n'avaient pas été oubliés, et la Perruche ondulée, les Perroquets gris, les Perroquets amazones, les Passereaux exotiques, se trouvaient décrits et figurés dans les livres du Dr Carl Russ (*Der Wellensittich, Die Prachtfinken, Die fremdländischen Stubenvögel*), de MM. J. Schuster (*Der Papageienfreund*), de M. Ph.-L. Martin (*Das Vogelhaus*), de M. E.-A. Mayer (*Vollständiger Unterricht wie Nachtigallen, Schwarzblatteln,* etc., *zu fangen, von Krankheiten zu bewahren und vonselben zu heilen sind*), du Dr Brehm (*Gefangene Vögel*), de M. C.-F. Göller (*Die Pratchtfinkenzucht und Pflege*), et dans le journal *Vogel-und Aquarienkunde*. Chose curieuse, les ouvrages relatifs à la chasse, et particulièrement à la chasse du gibier à plume, faisaient au contraire presque complètement défaut, et je ne trouve guère à mentionner que la *Monographie de la Perdrix* (*Das Rebhuhn*), du baron C.-E. de Thungen ; trois mémoires sur la fauconnerie (*Falknerklee*), par M. Hammer-Purgstall, et le *Gros gibier à plume* (*Hohes Federwild*) par le Dr K. Löffler ; mais les ouvrages populaires d'ornithologie ou plutôt de zoologie (car ils n'étaient pas tous consacrés aux oiseaux exclusivement) étaient assez nombreux. Il y avait entre autres l'*Histoire illustrée des animaux* (*Illustrirte Naturgeschichte der Thiere*) et les *Merveilles de l'Histoire naturelle* (*Die Praxis der Naturgeschichte*), du D[r] Ph.-L. Martin ; les *Animaux de la forêt* (*Die Thiere des Waldes*), de MM. A.-E. Brehm et E.-A. Rossmaler, l'*Histoire naturelle scientifique et populaire des Oiseaux* (*Wissenschaftlich-populäre Naturgeschichte der Vögel*), du Dr L.-J. Fitzinger, etc.

Parmi les recueils et les travaux de science pure publiés en Allemagne et en Autriche, je dois signaler la collection complète du *Journal d'Ornithologie* (*Journal für Ornithologie*), dont la fondation remonte à plus de trente ans et qui est dirigé, depuis son origine, par le Dr Cabanis ; les publications de l'Académie de Cracovie (*Abhandlungen der Krakauer Akademie*) relatives aux oiseaux ; le *Bulletin de la Société adriatique des sciences naturelles de Trieste pour 1883*, renfermant un mémoire du Dr Bernard Schiavuzzi, de Monfalcone, intitulé : *Materiali per una Avifauna del territorio di Trieste fino Monfalcone e dell'Istria ;* le grand ouvrage d'ostéologie du Dr A.-B. Meyer (*Abbildungen von Vogelskeletten,* in-4°) ; les *Figures d'Oiseaux exotiques* (*Vogelbider aus fernen Zonen*), publiées par le Dr A. Reichenow et représentant un grand nombre d'espèces de Perroquets ; deux grandes cartes dressées par le même naturaliste et indiquant la distribution des oiseaux à la surface du globe (*Zwei Wandkarten, die geographisce Verbreitung der Vögel darstellend*) ; *les Oiseaux des jardins zoologiques* (*Die Vögel der*

zoologischen Gärten), manuel en deux parties, rédigé également
par le Dr Reichenow et consacré à l'étude des espèces que l'on
rencontre le plus fréquemment en captivité; l'*Ornithologie du
nord-est de l'Afrique* (*Ornithologie von N. O. Afrika*), de M. de
Heuglin; les *Nids et œufs des Oiseaux de l'Allemagne et des pays
limitrophes* (*Die Nester und Eier der in Deutschland und den an-
grenzenden Ländern brütenden Vögel*), du Dr E. Willibad; les *Oiseaux de l'Europe centrale et leurs œufs* (*Die Vögel von Mitteleuropa
und ihre Eier*), par M. Grassner Fürchtegott; l'*Histoire naturelle
des Oiseaux de l'Europe* (*Naturgeschichte der Vögel Europas*), de A.
Fritsch, et l'excellent *Catalogue des environs de Salzbourg* (*Die
Vögel Salzburgs*), de M. Victor de Tschusi-Schmidhoffen.

A côté de ces ouvrages, j'ai pu examiner aussi un bel atlas renfermant les figures des œufs des oiseaux de la Finlande (*Finnische
Vogeleier*) peintes par M. G. Sundman et accompagnées d'un texte
explicatif en langue allemande par M. J.-A. Palmen.

Notre pays n'avait envoyé à l'exposition de Vienne qu'un très
petit nombre de brochures et de photographies, savoir : 1° une
Notice sur l'élevage de jeunes Faisans, trois *Notices sur l'éducation
de Mammifères et d'Oiseaux au parc de Beaujardin, près Tours*, le
plan de cette grande propriété, une photographie du premier nid
de Talégalle construit sur le continent et une *Liste synonymique de
noms d'animaux*, par M. Cornély; et 2° le premier volume de la
revue hebdomadaire intitulée *Le Poussin*, et le *Traité d'élevage des
animaux de basse-cour*, par M. E. Lemoine. Enfin j'ai remarqué
encore les traductions allemandes des *Poules, Dindons, Oies et Canards*, de M. A. Espanet, et des *Dindons et Pintades*, de M. Mariot-
Dideux, mais je n'ai trouvé à l'exposition de Vienne ni ces traités
eux-mêmes, ni les ouvrages du même genre publiés récemment
dans notre pays, tels que *Le Poulailler*, de Ch. Jacque; la *Monographie des races de Poules*, de M. La Perre de Roo, l'*Aviculture*,
de M. Leroy; le *Traité des maladies des Oiseaux*, de M. Mégnin, etc.
Les recueils français renfermant des articles d'ornithologie, des
monographies ou des descriptions d'espèces nouvelles manquaient
également. J'aurais pourtant vivement désiré rencontrer, à côté
des journaux scientifiques allemands dont j'ai cité les noms, les
Nouvelles Archives du Muséum, le *Bulletin de la Société zoologique
de France*, le *Bulletin de la Société zoologique d'acclimatation*; la
Chasse illustrée, etc.; de même j'aurais voulu voir exposer à Vienne

quelques-uns des grands ouvrages édités en France dans ces dernières années et ayant pour objet les faunes de Madagascar, de la
Chine, du Sénégal, de la France, etc. Mais je me suis facilement
expliqué la lacune que je viens de signaler en songeant qu'en
France quelques personnes seulement avaient été averties à l'avance
de la date de l'ouverture et du véritable objet de l'exposition de
Vienne. Évidemment une plus vaste publicité et l'envoi aux journaux étrangers d'un programme détaillé, où le caractère international de l'exposition eût été nettement indiqué, eussent attiré
à Vienne un plus grand concours d'exposants et eussent permis
à la littérature ornithologique française d'être plus largement
représentée et d'obtenir sa part dans la distribution des récompenses.

Celles-ci se composaient d'un diplôme d'honneur, qui fut attri-
bué au Dᴿ Russ, de Berlin, pour l'ensemble de ses publications;
d'une médaille d'or, décernée à M. A.-W. Kunast, le directeur de
la *Wallishausser'sche Hofbuchhandlung,* qui a contribué à la diffusion en Autriche des ouvrages ornithologiques; d'une médaille d'ar-
gent, donnée à M. A. Manzella de Prato (Toscane), l'auteur des
planches des *Oiseaux d'Italie* du professeur Giglioli; d'une médaille
de bronze, à l'éditeur bien connu Th. Fischer, de Cassel, et d'une
mention honorable, à M. G. Battista, de Turin, pour son petit *Traité
de la protection des Oiseaux,* à l'usage des écoles primaires.

Telles sont, Monsieur le Ministre, les principales observations
que j'ai pu faire en visitant, à plusieurs reprises, l'exposition ornithologique de Vienne. Dans l'intervalle des séances du Congrès,
j'ai fait aussi, avec quelques-uns de mes collègues, une rapide
excursion au château de Schœnbrunn, résidence impériale où se
trouve une ménagerie particulièrement riche en Carnassiers et en
Ruminants de la faune européenne. Dans des parcs entourés de
murs, que coupent de larges baies grillées, sont enfermés des
Ours gris et bruns, des Chats sauvages, des Bouquetins, des Cha-
mois, des Antilopes et des Cerfs. Sur de vastes pelouses, divisées
en parquets, se promènent des Faisans, des Grues, des Poules
sultanes et des Pigeons Gouras, et sur les bassins s'ébattent des
Cygnes, des Canards mandarins et des Sarcelles, et, pour que
le visiteur puisse reconnaître facilement les diverses espèces qui
se trouvent mélangées dans un même compartiment, des éti-

tiquettes suspendues au grillage donnent non seulement le nom de l'oiseau, mais sa figure soigneusement coloriée; çà et là, dans d'autres parties des immenses jardins, dessinés à la française, s'élèvent des volières qui sont ordinairement peuplées de Passereaux et de Perroquets, mais qui, lors de ma visite, se trouvaient un peu dégarnies, leurs habitants ayant été, comme je l'ai dit plus haut, envoyés à l'exposition ornithologique de Vienne.

MUSÉE IMPÉRIAL. — COLLECTIONS ORNITHOLOGIQUES.

Sous la conduite des deux savants et aimables conservateurs, MM. de Pelzelm et Steindachner, j'ai visité également les collections zoologiques qui appartiennent à S. M. l'Empereur et qui se trouvent encore à Vienne dans un bâtiment dépendant du vaste palais de la Hofburg, mais qui vont être incessamment transportées dans une magnifique construction élevée sur le Ring, presque en face du palais impérial. Une aile de cette construction, dans le style de la Renaissance, sera consacrée aux beaux-arts, et l'autre à l'histoire naturelle. On ne peut juger encore de ce que sera l'aménagement intérieur des nouvelles galeries; mais il est probable, d'après les grandes dimensions de l'emplacement réservé à la zoologie, que les collections actuellement entassées à la Hofburg, dans des salles obscures et humides, pourront s'étaler largement. Pour la partie ornithologique, ces collections, quoique très remarquables, m'ont paru un peu moins riches que celles du Musée britannique, du Musée de Leyde et du Muséum d'histoire naturelle de Paris : les groupes des Soui-mangas, les Brèves, les Ibis, les Poules d'eau, les Canards, les Pigeons verts ou *Ptilopus* et les Faisans sont notamment un peu moins bien représentés que dans les galeries du Jardin des plantes, et je n'ai vu aucun spécimen monté des *Æthopyga flagrans*, *Pitta Ellioti*, *Ibis gigantea*, *Fulica gigantea*, *F. cornuta*, *Micropterus cinereus*, *Ptilopus Marchei*, *Lobiophasis Bulweri*, *Rheinartius ocellatus*, et autres espèces remarquables récemment acquises par le Muséum de Paris. En revanche, le musée de Vienne possède plusieurs exemplaires d'espèces extrêmement rares ou complètement éteintes, comme *Nestor productus*, *Sittace Spixi*, *Psittacus mascarinus*, *Platycercus ulietensis*, *Trichoglossus pygmæus*, *Drepanis pacifica*, *Tribonyx Mortieri*, *Notornis alba*, et *Alca impennis*. Quelques-unes de ces espèces manquent

soit au Muséum d'histoire naturelle de Paris, soit au Musée de
Leyde ou au Musée britannique.

COLLECTION PARTICULIÈRE DE S. A. LE PRINCE DE COBOURG.

S. A. le prince Ferdinand de Cobourg, qui était revenu à Vienne
pour assister aux séances du Congrès, voulut bien m'offrir de me
montrer lui-même les oiseaux empaillés et les oiseaux vivants
qu'il conserve dans son palais de Vienne. Je m'empressai de me
rendre à sa gracieuse invitation et j'eus le plaisir d'examiner plusieurs espèces rares de Perroquets et de Passereaux que le prince
a eus vivants dans sa volière et dont il a fait monter les dépouilles
pour sa collection ; la plupart des espèces de Bengalis et de Tisserins que l'on a importés en Europe dans ces dernières années se
trouvent représentées dans cette nombreuse série, qui s'accroît
tous les jours.

La volière du palais Cobourg ne ressemble pas à ces cages
étroites où des oiseaux languissent tristement faute d'air, de verdure et d'espace. C'est une vaste salle, dont les murs sont tapissés
de plantes et d'arbustes et dans laquelle la lumière pénètre par
de larges baies. Sur le sol, du sable fin, et, au milieu, un petit bassin
d'où sort un jet d'eau qui rafraîchit constamment l'atmosphère.
Celle-ci, pendant l'hiver, peut être maintenue à une température
convenable par un ingénieux système de chauffage; mais, grâce à
la verdure et à l'eau jaillissante, il ne règne jamais dans la volière
cette chaleur sèche qui, dans nos maisons et même dans les mé-
nageries de nos jardins zoologiques, rend les oiseaux phtisiques et
détermine parmi eux une si fréquente mortalité. On arrive à la
volière par un vestibule, et, quand la deuxième porte est franchie,
on est singulièrement charmé par le spectacle de centaines d'oiseaux de toute espèce et de toute provenance, sautant de branche
en branche, picorant sur le sable, se baignant dans le bassin,
travaillant à la construction de leurs nids ou voletant çà et là
avec des cris joyeux. Des Perruches jaunes de l'Amérique du Sud
et des Perruches ondulées d'Australie habitent là, côte à côte avec
des Paddas, des Bengalis et des Tisserins d'Asie ou d'Afrique; des
Merles bronzés font resplendir au soleil leur livrée métallique et des
Veuves à épaulettes d'or ou à poitrine rousse laissent pendre du
haut des branches leurs longues plumes caudales.

Grâce à l'heureuse disposition de ses volières, S. A. le prince

IMPRIMERIE NATIONALE.

de Cobourg a pu conserver pendant longtemps en captivité des Perruches à oreilles blanches (*Conurus leucotis*) et des Toucans, et il a obtenu, il y a quelques années, la reproduction de la Perruche de Paradis (*Platycercus pulcherrimus*).

Cette collection privée mériterait une plus longue description; mais le temps me presse, et j'ai hâte de revenir à l'examen des travaux du Congrès ornithologique, c'est-à-dire au principal but de la mission que vous avez bien voulu me confier, Monsieur le Ministre.

CONGRÈS ORNITHOLOGIQUE : DÉLÉGUÉS DES DIVERSES NATIONS.

Le 6 avril au soir, dans une des salles du Cercle scientifique (*Wissenschaftlicher Club*, Eschenbaschgasse, n° 9), eut lieu une réunion préparatoire à laquelle assistaient des membres de l'Union ornithologique de Vienne et beaucoup de savants et de délégués étrangers. Le nombre de ceux-ci fut plus considérable encore le lendemain, lors de l'ouverture solennelle du Congrès, et atteignit, dès les premières séances, le chiffre de 100. La plupart des États de l'Europe se trouvaient représentés dans cette assemblée : l'Autriche, par les membres du bureau de l'Union ornithologique de Vienne, dont j'ai déjà cité les noms, M. le marquis de Bellegarde, M. Bachofen d'Echt, M. de Hayek et M. de Pelzeln, ainsi que par M. Antoine de Pretis-Cagnodo, conseiller au Ministère de l'agriculture, et par M. le professeur Spiridion Brusina, directeur du Musée d'Agram; la Russie, par M. le Dr Gustave Radde, conseiller d'État à Tiflis, et par M. Léopold de Schrenk, conseiller d'État et membre de l'Académie des sciences de Saint-Pétersbourg; l'Allemagne, par M. le baron Eugène F. de Homeyer et par M. le professeur C. Altum, délégués du Ministère de l'agriculture de Prusse, par S. A. le prince Ferdinand de Saxe-Cobourg et par le Dr E. Baldamus, délégués du duché de Cobourg et Gotha et du duché d'Anhalt, par le Dr A. B. Meyer, conseiller aulique, directeur du Musée anthropologique, ethnographique et zoologique de Dresde, par le Dr Thienemann, délégué du duché de Saxe-Altenbourg et de l'Union allemande de Zangenberg pour la protection des oiseaux, par M. Hugo du Roi, conseiller de commerce, délégué du Ministère d'État de Brunswick, et par M. de Berg, délégué du Ministère d'Alsace-Lorraine; la Hollande, par le Dr F. Pollen et par M. van den Berch van Heemstede, délégué de la Société protectrice des animaux de la Haye; la Suède, par M. le comte Tage-Thott; la France, par l'auteur de ce rapport, qui avait l'honneur d'être à la fois délégué par votre Département, Monsieur le Ministre, et par le Département de l'agriculture; l'Italie, par le docteur Henri Giglioli, délégué du Ministère de l'instruction publique; la Confédération suisse, par le D'Fatio, de Genève; l'Espagne, par don Auguste Conte, ministre plénipotentiaire et envoyé extraordinaire; le Brésil, par M. le baron Pedro de Carvalho-Borges, ministre plénipotentiaire et envoyé extraordinaire; la République argentine, par le D'Albert Blancas, secrétaire de légation; le Japon, par M. Kiyo-o Hongma, secrétaire d'ambassade; le royaume de Siam, par M. le consul Hugo Schönberger, et le royaume de Hawaï, par M. le consul Victor Schönberger.

DÉLÉGUÉS DES SOCIÉTÉS SAVANTES.

Un grand nombre de sociétés savantes avaient aussi leurs délégués au Congrès. Ainsi la Société ornithologique allemande avait envoyé le D'J.-L. Cabanis, conservateur au Musée de Berlin et le D'A. Reichenow; la Société agricole de Styrie, son président, M. le baron Max de Washington, membre de la Chambre des seigneurs d'Autriche; l'Union autrichienne pour l'élevage des volailles, son vice-président, M. J.-B. Brusskay, M. Joseph Kührer et M. Koloman Zdeborsky; l'Union protectrice du gibier de la Basse-Autriche, M. le comte Breuner-Enkevoirth; l'Union protectrice des animaux de Vienne, M. C. Landsteiner; l'Union agricole de Bohême, M. Ferdinand Thume; la Société pour l'élevage des petits animaux, M. F. Hiller de Prague, secrétaire du Conseil d'agriculture; l'Union pour la protection et l'étude des oiseaux, de Salzbourg, M. Fritz Zeller; l'Union pour l'élevage des oiseaux, de Königsberg, M. Albert Barkowski; l'Union ornithologique de Stettin, le D'E. Bauer; l'Union centrale pour l'élevage des oiseaux de la province de Hanovre, M. L. Ehlers et le D'A. Lax; l'Union bavaroise pour l'élevage des oiseaux, M. Joseph Hellerer, de Munich; la Ligue pour la protection des oiseaux, de la Westphalie rhénane, le D'A. Heyer; l'Union des amis des oiseaux, de Würtemberg, M. Fritz Kerz, de Stuttgard; les Sociétés *Ornis* de Berlin et de Madgdebourg, l'Union protectrice des animaux, de Hainaut, et la Société ornithologique de Dantzig, le D'Carl Russ, de Berlin; l'Union pour l'élevage, de Hambourg-Altona, M. le baron de Villa-Secca;

la Société protectrice des animaux de Moscou, M. le comte A. d'Andréeff, conseiller d'État; la Société protectrice des animaux, de Varsovie, M. A. Bachner; la Société zoologique de France, M. A. de Pelzeln; la Société d'acclimatation de France, un de ses membres, l'auteur de ce rapport; la Société des chasseurs suisses *Diana*, son vice-président, M. Edmond d'Eynard; les Sociétés ornithologiques suisses, M. Fréd. Greuter-Engel, de Bâle; la Société adriatique des sciences naturelles de Trieste, le Dr Bernard Schiavuzzi, de Monfalcone; la Société italienne des sciences naturelles de Milan, M. A. Senoner; l'Académie des sciences de l'Institut de Bologne, le Dr Joseph Hyrtl, conseiller aulique; l'Université royale de Norvège, le Dr R. Collett, directeur du Musée de Christiania, etc.

MEMBRES DU CONGRÈS.

Enfin un grand nombre de notabilités politiques, de savants et d'amateurs s'étaient rendus spontanément au Congrès. Parmi eux je citerai : M. le prince Henri VII de Reuss, ambassadeur d'Allemagne; M. le baron d'Eybesfeld, ministre de l'instruction publique et des cultes, et M. le comte de Falkenhayn, ministre de l'agriculture d'Autriche; S. E. le comte Vladimir Dziedusycki, de Lemberg; M. le comte Marshall, chambellan de S. M. l'empereur d'Autriche; M. le comte Léopold Podstatzky-Liechtenstein; M. le comte Zdenko de Zierotin; M. le baron Étienne de Washington; M. le baron Hugo de Dunay de Duna-Vecze; M. le baron Gabriel de Gunzburg, de Paris; M. le chevalier de Kutschera-Woborsky; M. le chevalier Victor de Tschusi-Schmidhoffen; le Dr Rodolphe Blasius, de Brunswick; le Dr O. Finsch, de Brême; le Dr Modeste Bogdanow, professeur à l'Université et directeur du Musée zoologique de l'Académie de Saint-Pétersbourg; le Dr E. d'Herzmanowsky, secrétaire au Ministère de l'agriculture d'Autriche; le D^r Ch. Claus, conseiller aulique et professeur à l'Université de Vienne; M. Adalbert Jeitteles, conservateur de la Bibliothèque et professeur à l'Université; le Dr Jules de Madarasz, de Budapest; le Dr Auguste Mojsisovics, de Gratz; les Drs Jean Palacky et Vladislaw Schier, de Prague; le Dr B. Borggreve, directeur de l'Académie forestière de Münden; le Dr A. Girtanner, de Saint-Gall; le Dr Ferdinand Lentner, professeur et secrétaire aulique; le Dr Fernand Fischer, médecin de corvette; le Dr W. Kriworotow, de Jeletzg (gouv. d'Orel); le Dr Henri Wien, publiciste, à Vienne; M. A. W. Künast, directeur de la librairie de la Cour, etc.

Malheureusement on regrettait l'absence de plusieurs savants dont les lumières auraient été des plus utiles au Congrès, principalement de M. le professeur A. Milne Edwards, qui avait été au dernier moment contraint, par l'état de sa santé, de renoncer à son voyage à Vienne, de M. le baron de Sélys-Lonchamps, qui avait été retenu à Bruxelles par ses fonctions de président du Sénat, et du professeur Wilhelm Blasius, qui s'était trouvé empêché par les préparatifs d'un voyage scientifique en Russie.

OUVERTURE SOLENNELLE DU CONGRÈS
PAR S. A. I. ET R. L'ARCHIDUC RODOLPHE.

Le 7 avril, à 10 heures 45 minutes du matin, le Congrès fut ouvert par S. A. I. et R. l'archiduc Rodolphe, Prince héritier, qui prononça, à cette occasion, une allocution couverte d'applaudissements.

Après ce discours, le Dr Prix, vice-bourgmestre, et M. le marquis de Bellegarde souhaitèrent à leur tour la bienvenue aux membres du Congrès au nom de la ville de Vienne et de l'Union ornithologique; puis le Dr Radde, qui dans la séance préparatoire avait été choisi comme président, se fit l'interprète des sentiments de l'assemblée en priant Son Altesse Impériale et Royale de continuer à entourer de sa sollicitude les oiseaux, qui ont été les amis de son enfance et qui, dans son âge mûr, pourront encore le charmer et le distraire des graves soucis de la politique.

CONSTITUTION DU BUREAU. — PROGRAMME DU CONGRÈS.

La séance ayant été momentanément suspendue, le prince Rodolphe se fit présenter les délégués des différents pays, avec lesquels il s'entretint quelques instants, puis il fut procédé à la constitution définitive du bureau, dont le Dr Radde accepta définitivement la présidence et le Dr de Hayek la vice-présidence; sur la proposition du Dr Radde, quatre autres vice-présidents furent pris parmi les délégués des pays étrangers les plus voisins de l'Autriche; c'est ainsi que MM. Giglioli, Fatio, Altum et moi-même, nous fûmes élus par acclamation; enfin le Dr de Kadich, de Vienne, fut choisi comme secrétaire, et le Dr Wien eut la charge de surveiller la publication des procès-verbaux des séances.

Pour l'examen des trois questions portées au programme, savoir :

1° Protection des oiseaux au moyen d'une loi internationale,

2° Recherche de l'origine de la Poule domestique et mesures à prendre pour perfectionner l'élevage des volailles,

3° Établissement, sur tout le globe habité, d'un réseau de stations destinées à des observations ornithologiques,

Le Congrès décida de se partager en trois sections, en établissant toutefois que ces sections ne seraient pas fermées et qu'elles pourraient admettre dans leur sein tous les membres des autres groupes désireux de prendre part à leurs délibérations. La présidence et la vice-présidence de la première section, chargée de l'examen de la première question, furent dévolues à M. de Homeyer, à M. L. de Schrenck et au Dr Meyer; celles de la seconde section, à M. Hugo du Roi et à M. le baron de Washington, et celles de la troisième section, au Dr Blasius de Brunswick et à M. de Tschusi-Schmidhoffen.

Pour ainsi dire sans discussion, la priorité fut accordée à la question de la protection des oiseaux, en raison de l'intérêt qu'elle présente au point de vue international et de la place qu'elle tient actuellement dans les préoccupations de la plupart des gouvernements.

EXPOSÉ DE LA SITUATION.

DESTRUCTION DES OISEAUX; MOYENS D'Y REMÉDIER.

Tout le monde est d'accord en effet pour reconnaître qu'il est plus que temps de mettre un frein à cette rage de destruction qui sévit sur presque tous les points du globe, et qui menace de faire disparaître complètement certaines espèces ornithologiques. Déjà même les Républiques de l'Amérique du Sud ont pris des mesures restrictives et se sont efforcées d'empêcher la destruction des Oiseaux-mouches sur l'étendue de leur territoire. Avant que ces mesures fussent édictées, des milliers de dépouilles de Trochilidés, expédiées chaque année du Mexique, du Brésil, du Pérou, de l'Équateur et de la Colombie, venaient s'entasser dans les magasins de nos grandes villes pour être ensuite vendues en détail comme oiseaux de parure, et, maintenant encore, il en arrive sur nos marchés des quantités considérables. Dans les mêmes envois figurent également des centaines de Tangaras, des Sucriers, des Manakins, des Couroucous resplendissants, des Toucans au bec énorme, à la gorge jaune ou à la poitrine ornée d'une large ceinture, des Perruches multicolores, des Cassiques bronzés ou pourprés, des Hérons aigrettes, des Colombes, des Tinamous, des Colins et même des Engoulevents aux teintes modestes.

D'autre part, il nous arrive de l'Asie méridionale et des îles avoisinantes des Brèves au capuchon noir, aux ailes ornées d'une plaque d'émeraude, à la poitrine verte ou rouge, des Barbus aux couleurs tranchées, des Loriots jaunes, des Perruches à tête rose, des Pigeons verts, des Paons, des Coucous, des Guêpiers, des Martins-pêcheurs; de la Nouvelle-Guinée viennent les Paradisiers au manteau de velours, aux panaches éblouissants, et de l'Afrique tropicale des Soui-mangas représentant les Oiseaux-mouches dans l'ancien monde, des Pintades, des Touracos, des Tisserins et surtout des Merles bronzés. Des régions polaires on tire des Perdrix de neige ou Lagopèdes, des Chouettes blanches, des Goélands, des Hirondelles de mer et des Sarcelles; du plateau central de l'Asie et de la Chine, des Lophophores et diverses espèces de Faisans; enfin il n'est pas jusqu'à nos contrées qui ne paient leur tribut à la mode en lui livrant des Mouettes, des Perdrix, des Pigeons, des Coqs, des Pies, des Geais, des Hibous et même de petits Passereaux! Ces derniers toutefois, en raison de l'exiguïté de leur taille, n'ont jamais été aussi recherchés pour la parure que les oiseaux de taille moyenne, qu'on immole par milliers. Ainsi j'ai vu chez quelques marchands parisiens le plancher de vastes magasins littéralement jonché de Pigeons appartenant à une ou deux espèces seulement, et je sais de source certaine qu'un négociant a reçu dans une seule année plus de *cent mille* Merles bronzés de l'Afrique occidentale.

Parmi nos oiseaux indigènes, les Pies ont été un moment en grande faveur comme oiseaux de parure, et aussitôt leur chasse et leur vente ont pris une extension extraordinaire. « Ce n'est plus par individus ni par paires qu'on les vend, mais par cent, lisait-on en 1874 dans le courrier de l'Ain. Le cent d'*Agasses* vaut 40 francs; la plus grande partie de leurs plumes est expédiée aux modistes de Paris. »

Les Geais, qui ont sur les ailes de belles plumes variées de blanc et de bleu céleste, les Rapaces nocturnes et les Engoulevents, qui portent une livrée aux teintes douces et harmonicuses, ont été sacrifiés d'autant plus volontiers aux caprices de la mode, que les uns sont accusés des mêmes crimes que les Pies, et que les autres sont, depuis un temps immémorial, les victimes de préjugés stupides.

Les Grèbes, dont la fourrure soyeuse sert à fabriquer des manchons ou à border des manteaux, sont pourchassés aussi bien sur les rivages de la Méditerranée que dans les contrées septentrionales, et, en 1857, M. Buvry estimait à 40,000 le nombre des dépouilles de Grèbes huppés (*Podiceps cristatus*) et de Grèbes oreillards (*P. auritus*) qui avaient été exportées *en deux ans* de nos possessions africaines et qui avaient, pour la plupart, pris le chemin de la Russie. Avec les Grèbes on immolait chaque année des milliers de Hérons, de Cygnes, de Canards, d'Oies sauvages, les uns à cause de leurs plumes élégantes, d'autres à cause de leur duvet immaculé, d'autres enfin à cause de leur chair savoureuse. Ces massacres avaient principalement pour théâtre le lac Fezzara, dont les bords marécageux offraient, il y a cinquante ans, un asile presque inviolé aux Échassiers et aux Palmipèdes, mais qui plus tard fut visité constamment par les chasseurs européens et indigènes. Depuis qu'ils avaient appris des Français la valeur de certaines dépouilles, les Arabes faisaient en effet aux oiseaux une guerre acharnée, sans trêve et sans mesure. Ils les tuaient à coups de fusil, ils les prenaient au filet; il les accrochaient au moyen d'hameçons, ils les étranglaient pendant leur sommeil, en un mot ils les décimaient si bien qu'en peu d'années les bords du lac Fezzara eussent été entièrement dépeuplés si l'administration ne s'était émue. D'après les renseignements que j'ai pu recueillir, il paraît que la chasse sur les rives du lac Fezzara a été officiellement prohibée, au moins pendant un certain temps; mais je ne sais si elle n'a pas été autorisée de nouveau et je n'oserais pas répondre qu'on ne fait pas encore dans ces parages de nombreuses captures clandestines.

Voilà pour les oiseaux d'eau douce. Quant aux oiseaux de mer, Goélands, Mouettes et Sternes, le commerce de leurs dépouilles est d'autant plus productif que la chasse de ces oiseaux est autorisée en toutes saisons sur nos côtes. L'article 1er de l'arrêté permanent du 28 mars 1862 dit en effet : « La chasse des oiseaux de

mer est permise toute l'année, même en temps de neige, en ba-
teau, sur le rivage de la mer et sur le bord des rivières et des
fleuves que le flot couvre et découvre à chaque marée. Le transport et la vente du gibier de mer sont permis en tout temps. » Cet
article 1er, que M. de la Sicotière cite dans son *Rapport au Sénat,*
n'est que la consécration d'un usage ancien. En effet, d'après
M. Paul Ducroquet (*De l'exercice du droit de chasse sur le domaine
public maritime*), il existe à la mairie de Saint-Valery-sur-Somme
des documents établissant que, grâce à l'intervention de M. Rivery,
représentant du peuple en 1792, les indigents de cette ville ob-
tinrent pendant plusieurs années de la commission des armes,
poudres et mines de la République, une quantité assez considérable de poudre et de plomb pour chasser les oiseaux de mer qui
constituaient une partie de leur alimentation, pendant la saison
où le poisson était peu abondant.

Le 20 janvier 1860 la Cour de cassation décida, il est vrai, que
la loi de 1844 sur la chasse concernait aussi les oiseaux de mer;
mais, cette interprétation ayant été combattue par beaucoup de
jurisconsultes, les choses restèrent en l'état, à cela près que des
permis furent généralement exigés des personnes chassant sur les
grèves, tandis que la plus grande liberté fut laissée non seulement
aux marins, mais encore aux autres personnes chassant sur les
bancs du large, ou à l'aide d'embarcations dans les baies et les
étangs salés.

Dans ces conditions, il peut s'opérer et il s'opère en effet un impitoyable massacre de Pétrels, de Mouettes et d'Hirondelles de mer;
les œufs de ces oiseaux sont enlevés en masse immédiatement après
la ponte; aussi nos plages sont-elles à peu près dépeuplées. Ainsi
tandis qu'à Grossenhain, dans la Saxe, M. Neumann a trouvé au
mois d'avril une colonie composée de 2,000 Mouettes rieuses (voir
Journ. f. Ornith., 1879, p. 194), tandis qu'à Munich, au centre de
l'Europe et à une distance énorme des océans, j'ai vu des centaines d'oiseaux de la même espèce s'ébattre gaiement sur l'Isar,
c'est à peine si, pendant un séjour d'un mois dans la baie d'Arca-
chon, j'ai pu apercevoir un seul Laridé. L'*île aux Oiseaux*, située
dans cette baie et qui, à en juger par le nom, devait être jadis le
séjour d'une foule d'oiseaux de mer, était complètement déserte
lorsque je l'ai visitée, il y a une vingtaine d'années; enfin, sur nos
côtes de la Manche et de la Méditerranée, à Luc-sur-Mer, à Saint-

Vaast-la-Hougue, à Honfleur, à Dieppe, à Cette, à Marseille et à la Ciotat, les Mouettes et les Sternes sont très peu nombreux, et c'est seulement à Boulogne-sur-Mer que j'ai observé des troupes de ces oiseaux voletant autour des navires dans le port.

Dans plusieurs contrées de l'Europe boréale, les Eiders sont également, depuis plusieurs siècles, l'objet d'une chasse active, car si leurs plumes ne peuvent servir à la parure des dames, leur duvet est tellement recherché par l'industrie qu'il se paie, même en Norvège, à raison de 20 ou 30 francs la livre, et leurs œufs entrent pour une large part dans la nourriture des peuples de l'extrême Nord. Sur certains points, et notamment dans la Laponie norvégienne, la récolte des œufs et du duvet se fait d'une manière méthodique et les colonies d'Eiders ou *Eiderholms* constituent des propriétés dont la conservation est assurée par des lois spéciales ; mais il n'en est pas de même au Spitzberg et au Groënland, où les Eiders ne sont point protégés contre l'imprévoyance et l'avidité des chasseurs. Aussi voit-on diminuer d'année en année, suivant une progression rapide, le nombre de ces précieux volatiles, dont l'entretien ne nécessite aucuns frais, et que la mer nourrit de ses produits. Déjà même certaines espèces du genre Eider, comme le *Somateria spectabilis*, sont devenues extrêmement rares sur plusieurs points de la région boréale.

Les mêmes causes ont fait disparaître complètement de la surface du globe une espèce des plus intéressantes, le grand Pingouin du Nord (*Alca impennis*), qui nichait autrefois en grand nombre dans les Hébrides à Saint-Kilda, dans l'archipel des Orkneys à Papa-Westra, et aux îles Féroë, mais dont le dernier représentant paraît avoir été capturé en 1821. On doit craindre que d'autres oiseaux des îles Féroë n'aient bientôt le même sort quand on lit dans l'ouvrage de Sysselmaand Müller sur la faune ornithologique de ces îles (*Färöernes Fuglefauna*, 1862, trad. par M. le baron F. de Droste dans le *Journal für Ornithologie*, 1869) que les chasseurs détruisent journellement, pendant une saison, jusqu'à 200 Mouettes tridactyles (*Larus tridactylus*) et qu'ils capturent annuellement 55,000 Lummes (*Uria troile*), 235,000 Mormons (*Fratercula artica*) et 2,000 Pétrels (*Puffinus Anglorum*)! Ces oiseaux sont sacrifiés plutôt pour leurs dépouilles, qui sont cependant de médiocre valeur, que pour leur chair, dont le goût est désagréable. On récolte aussi leurs œufs, mais pas avec autant d'ardeur qu'aux îles Farallones, sur la côte occidentale de la Californie. Dans ce dernier archipel, où depuis, le mois de mai jusqu'en automne, viennent nicher une foule de Goélands, de Sternes, de Pingouins, de Guillemots, l'exploitation des œufs appartient à une compagnie qui, en 1873, en a fourni 15,203 douzaines aux hôteliers de San-Francisco. Ces œufs, que l'on vend à raison de 1 fr. 35 la douzaine, ont cependant le grave inconvénient de rancir rapidement.

Ailleurs c'est pour leur graisse que les oiseaux de mer sont massacrés sans pitié. Ainsi chaque année les équipages des navires baleiniers font de véritables hécatombes de ces créatures inoffensives que l'on nomme des Manchots et qui constituent un élément important de la population ornithologique des terres australes. Pour donner une idée de ces tueries, je rappellerai, d'après MM. Layard (*Ibis*, 1869, p. 378), Sclater (*Proc. zool. Soc. Lond.*, 1868, p. 528) et Alphonse Milne Edwards (*Ann. des sc. nat.*, 6e série, t. IX, p. 32), qu'en 1869 un vaisseau revenant des îles Crozet avait à son bord 37 tonnes d'huile tirée des dépouilles du Pingouin Macaroni (*Aptenodytes chrysocoma*), et que deux ans auparavant quatre navires avaient recueilli à Port-Stanley (Falkland) 50,700 gallons du même produit. Or comme il faut, dit-on, 1,400 dépouilles pour fournir le contenu d'un tonneau d'huile et 8 peaux pour un gallon, on peut évaluer à 450,000 environ le nombre des Manchots sacrifiés par l'équipage de *5 navires* dans l'espace de *3 ans* et dans *deux archipels seulement*. Si l'on songe que de semblables expéditions se renouvellent fréquemment et qu'un matelot arrive à tuer et à mettre en peau jusqu'à 360 Manchots par jour, on comprend que M. Layard prévoie le jour où la race de ces oiseaux aura complètement disparu de la surface du globe.

Les Fous de Bassan (*Sula bassana*), que la tempête jette parfois sur nos côtes de l'Océan, se reproduisent en Norvège, en Écosse et dans l'archipel des Hébrides, notamment à Saint-Kilda, et, sur ce dernier point, si l'on en croit M. le Dr Cunningham, le nombre des *Sula* ou *Boubies* était encore sensiblement le même en 1862 qu'en 1831, époque à laquelle M. Macgillivray l'évaluait à 20,000 environ. Cependant il me paraît peu vraisemblable que le chiffre de ces oiseaux reste constant, alors que chaque année les habitants en font une véritable boucherie. En tous cas il n'en est pas ainsi dans l'hémisphère austral, où se trouvent d'autres espèces du même genre qui, par leurs excréments accumulés pendant des siècles, ont produit les vastes dépôts de guano des îles Chinchas et des côtes du Pérou. Quelque considérable que soit encore la population ornithologique de ces îles, elle n'est certainement plus aussi nombreuse qu'au milieu du siècle dernier, au temps d'Antonio de Ulloa, alors que les oiseaux de mer, en s'élevant des îles Chinchas, formaient un nuage capable d'obscurcir le soleil et mettaient près de deux heures à passer, en troupe serrée, d'un endroit à un autre. Or, comme d'autre part les gisements de guano sont le siège d'une exploitation de plus en plus active, il n'y a certainement plus équilibre entre les dépôts formés annuellement et les dépôts enlevés.

Dans les mêmes régions que les Fous vivent des Cormorans; il y en a sur les rivages de l'Amérique du Sud et sur nos côtes, et l'espèce européenne se retrouve, à peine modifiée, jusque dans l'extrême Orient. Dans le Céleste-Empire, on met souvent à profit les instincts naturels des Cormorans et on les dresse pour la pêche (voir le *Catalogue de la collection de Ningpo à l'exposition de pêche de Berlin en 1880* et l'*Ibis*, 1880, p. 375), et, dans notre pays même, M. de la Rue a montré (L'*Acclimatation*, 1876 et 1877) que rien n'était plus facile que de transformer ces Palmipèdes en de fidèles serviteurs; mais nos chasseurs et pêcheurs trouvent encore plus simple de massacrer ces oiseaux, qui disparaîtront bientôt des côtes du Finistère et du Cotentin.

Pour les espèces qui rentrent dans la catégorie du gibier à plume, la diminution n'est pas moins sensible, et il y a déjà plusieurs années qu'en France M. le marquis de Cherville et M. Bellecroix, et à l'étranger tous les rédacteurs de journaux de chasse ont appelé sur ce point l'attention des Gouvernements.

Aux États-Unis on ne prendrait certainement plus aujourd'hui, comme il a cinquante ans, cinq cents douzaines de Pigeons voyageurs (*Ectopistes migratorius*) dans un filet, en un seul jour; on ne verrait plus des hordes de ces volatiles comprenant, d'après les évaluations de J.-J. Audubon, 1,175,156,000 Pigeons.

En France le Biset (*Columba livia*), l'espèce souche ou une des souches de nos Pigeons domestiques ne se montre plus guère à l'état sauvage que sur quelques points de la région méditerranéenne, et n'est nulle part soigné et protégé comme en Égypte. Le Ramier ou Palombe (*Palumbus torquatus*) se reproduit communément, il est vrai, dans nos jardins publics et passe encore, en troupes serrées, avec le Colombin (*Columba œnas*), à travers nos départements méridionaux. Mais, si l'on compare les troupes actuelles de ces émigrants à celles qui traversaient, il y a un siècle, les mêmes régions, et dont l'importance nous est attestée par les anciens auteurs, on voit que la guerre acharnée faite aux Palombes et aux Colombins dans le Béarn, le Bigorre et la Basse-Navarre a porté ses fruits. Il serait certainement impossible aujourd'hui dans nos départements pyrénéens, de capturer, comme du temps de Magné de Marolles, 2,200 Pigeons dans un seul jour et dans une seule pantière.

Pour les Cailles les conséquences d'une chasse effrénée se manifestent encore plus clairement. A la Nouvelle-Zélande la Caille indigène n'existe plus, la dernière paire a été acquise pour une collection publique au prix de 1,500 francs, et en Europe la Caille commune (*Coturnix communis*) ne méritera bientôt plus son nom. Sur les rivages de la Méditerrannée, et principalement sur les côtes méridionales, occidentales et orientales de cette mer intérieure, on chasse les Cailles au fusil ou à l'aide de filets, de collets et de pièges variés. A Biskra, en Algérie, on en prend des quantités considérables vers la fin du mois de mars; en Espagne, au printemps, la chasse n'est pas moins fructueuse; en Morée et dans l'île de Santorin on tue chaque année des milliers de Cailles, qu'on plume et qu'on sale ou qu'on plonge dans du vinaigre, après leur avoir fendu la poitrine et coupé la tête et les pattes pour en faire des provisions d'hiver. Dans l'île de Capri, où ces petits Gallinacés passent aussi en grand nombre, l'évêque percevait jadis une redevance sur le gibier capturé et se faisait ainsi, dit-on, un revenu de 40,000 à 50,000 francs. Enfin à Rome même, suivant Watterton, on met parfois en vente, dans un seul jour, jusqu'à 17,000 Cailles.

Le commerce de ces oiseaux en temps prohibé a été autorisé en France par une circulaire ministérielle dont MM. Millet et Cretté de Palluel ont fait ressortir les inconvénients à divers points de vue. Les Cailles prises au printemps, suivant M. Cretté de Palluel, n'ont pas en effet les mêmes qualités alimentaires que les Cailles prises en automne, et la chair de celles qui sont expédiées mortes peut même devenir malsaine; en outre l'autorisation de vente a stimulé la convoitise des braconniers, et il en est résulté des conséquences déplorables. « Dans un rayon de 20 à 30 kilomètres aux environs de Paris, écrivait M. Cretté de Palluel en 1878 (*Bulletin de la Société d'acclimatation*), nous nous sommes rendu compte que cette année il n'y a plus de Cailles; ainsi, sur une surface donnée où l'on constatait, les années précédentes, la présence de 30 Cailles au moins, nous n'en avons rencontré que 1, 2 ou 0.

« La Caille est un oiseau d'une grande fécondité; si on cessait de la détruire pendant quelques années, l'espèce reviendrait bientôt aussi abondante qu'auparavant; mais voici maintenant qu'on se livre à la destruction des couvées; on vient même d'inventer un nouveau mets, la timbale aux œufs de Cailles; c'est le plat à la mode, ainsi que nous l'apprennent les journaux. Cependant la loi du 3 mai 1844 est formelle à cet égard : aux termes de l'article 4, *il est interdit de prendre des œufs de Faisans, de Perdrix et de Cailles;* nous demandons que la loi soit exécutée et respectée par tous. »

Dans le département d'Eure-et-Loir, d'après M. Marchand, les Perdrix grises (*Perdix* ou *Starna cinerea*) sont détruites en grand nombre par les braconniers, qui se servaient jadis de pantières quand il faisait clair de lune, mais qui emploient maintenant presque tous le *drap mortuaire* par des nuits obscures (notamment dans le Tarn). Ailleurs c'est la Perdrix rouge (*Perdix rubra*) qui a presque complètement disparu, par suite de la facilité avec laquelle elle tombe dans les pièges.

Les grandes Outardes (*Otis tarda*), encore très communes en Russie, n'existent plus en Grande-Bretagne, où les derniers représentants de leur espèce ont été tués en 1838 (Voyez Newton, *Ibis*, 1862, p. 107), et elles ne se trouvent en France à l'état sédentaire qu'en très petit nombre et sur un ou deux points de la Champagne. Le docteur Dorin rapporte que jadis, au contraire, ces oiseaux arrivaient par *milliers* dans les environs de Châlons-sur-Marne.

On fait en Hollande un si grand commerce d'œufs de Vanneaux que la propagation de l'espèce s'effectue d'année en année dans de plus mauvaises conditions. Les petits Chevaliers, les Combattants, les Courlis, les Bécasseaux, sont capturés ou massacrés par centaines dans la baie de Somme, à la faveur de la tolérance qui est accordée pour la chasse aux oiseaux de mer; les passages de Bécasses dans la plupart de nos départements sont beaucoup moins considérables qu'autrefois, les journaux de chasse sont unanimes à le constater, et, suivant M. de Barrau de Muratel (*Réponse au questionnaire posé par la Société d'acclimatation*, 1884), « dans le département du Tarn, si les Râles, les Bécassines et les Bécasses arrivent encore, c'est en si petit nombre qu'il faut être un bien déterminé chasseur pour se mettre à leur recherche ; les Canards sauvages et Sarcelles sont devenus très rares et les Oies sauvages ne viennent plus. Autrefois, au contraire, la chasse de ces oiseaux de passage constituait un des passe-temps favoris de la population de la France méridionale. » Dans la même région, les petites Grives, les Becs-fins, qui s'abattaient en foule sur les vignes au moment de la maturité des raisins, ne se voient plus qu'à de rares intervalles et en très petit nombre. Enfin il y a plus de vingt-cinq ans que M. de Barrau de Muratel n'a plus aperçu dans le Tarn un seul Pluvier doré ni un seul Pluvier gris. Il en sera bientôt de même dans le centre de la France. Ainsi, dans le département d'Eure-et-Loir, où l'on prenait chaque année des quantités considérables de Pluviers dorés et de Pluviers guignards qui servaient à fabriquer les fameux pâtés de Chartres, on ne tue plus, suivant M. Marchand, que des individus isolés.

Sur les mêmes points de la France il se fait ou plutôt il se faisait naguère encore une énorme destruction d'Alouettes. Ainsi, il y a quelques années, on pouvait voir chez un marchand de gibier, à Chartres, jusqu'à 200 ou même 275 douzaines de ces petits oiseaux, *reçues en un seul jour !*

« Dans le Tarn, dit M. de Barrau de Muratel (*l.c.*), les Alouettes passaient autrefois au mois de novembre et revenaient au mois de mars par vols innombrables ; mais elles ont été l'objet d'une chasse si acharnée que leur nombre a été considérablement réduit ; elles sont devenues rares à ce point que la douzaine, qui, sur le marché, se payait 50 centimes, se paie aujourd'hui 1 fr. 50. *Cette chasse, pratiquée à l'aide de collets en crin,* avec appeaux et appelants, est plutôt une industrie qu'une chasse et est autorisée par les préfets jusqu'au 30 avril. »

Sur d'autres points de notre territoire les Alouettes ont été même, à certaines époques, rangées parmi les *oiseaux nuisibles,* et leur destruction a été non seulement autorisée, mais recommandée par l'administration.

Un article du *Temps*, du 17 octobre 1873, constate que, aux environs de Paris même, la chasse aux Alouettes se pratique pendant la nuit, au moyen du traîneau, grand filet que l'on promène sur les emblavures et qui, convenablement manié, ne procure pas moins de 1,000 à 1,200 oiseaux par saison. Déjà en 1855, d'après M. A. Husson (*Les Consommations de Paris,* 1856), le nombre d'Alouettes vendues sur le marché de notre capitale avait atteint le chiffre énorme de 1,329,964, et, s'il ne s'est pas élevé plus haut dans les années suivantes, cela tient certainement à ce que les bandes poursuivies par les chasseurs deviennent de moins en moins nombreuses.

En Allemagne, le massacre ne se fait pas sur une moindre échelle; ainsi M. Brehm rapporte (*Vie des Animaux, Oiseaux,* édit. française, t. I, p. 224) d'après Elzholz qu'il y a quelques années on vit entrer à Leipzig, durant le mois d'octobre seulement, 403,455 Alouettes, et au moins autant durant les mois de septembre et de novembre. Dans ces conditions on peut évaluer sans exagération, avec M. Brehm, à 5 ou 6 millions le nombre d'Alouettes que l'homme détruit chaque année dans les divers pays de l'Europe.

Dans le nord-est et le sud-est de la France, beaucoup d'autres Passereaux, qu'avec la meilleure volonté du monde, on ne saurait ranger parmi les animaux nuisibles, ont été et sont peut-être encore par milliers les victimes de ces *tendues* que les préfets de la Meurthe, des Vosges, de la Haute-Marne, de Vaucluse ont cru pouvoir autoriser. Grâce à cette tolérance, en 1832, sur la limite du département de la Haute-Marne et de la Meuse, dans un petit bois, la même personne prit en moyenne 235 oiseaux par jour, soit 10,575 en quarante-cinq jours, durée de la *tendue*. Cette chasse se continua régulièrement pendant sept ans et s'effectua, sur d'autres localités de la même région, de 1840 à 1850. Pour cette dernière période M. Lescuyer, à qui j'emprunte ces renseignements, ne donne pas de chiffres précis, pas plus que pour la période de 1850 à 1871; mais il nous apprend qu'en 1871 et 1872, dans les cantons de Revigny, d'Ancerville (Meuse) et de Saint-Dizier (Haute-Marne), on prit 3,480 oiseaux dans des tendues qui durèrent d'un à trois mois et qui eurent pour théâtre des bois de très faible étendue.

Enfin, en 1874, dans une localité voisine de celle où demeurait

M. Barbier-Montault, une seule personne trouva moyen en peu de temps, sous prétexte de chasser aux Alouettes, de capturer 6o douzaines de Passereaux.

Les oiseaux ainsi capturés appartiennent aux espèces les plus variées : ce sont des Insectivores aussi bien que des Granivores, des Passereaux de toutes tailles, Gobe-mouches, Troglodytes, Roitelets, Mésanges, Grimpereaux, Pouillots, Fauvettes, Rougesgorges, Rossignols, Merles, Grives, Moineaux, Pinsons, Bouvreuils, Gros-becs, Pies-grièches, Geais, des Grimpeurs tels que le Pic-vert, le Pic-épeiche, quelques Martins-pêcheurs et même des Rapaces, principalement des Cresserelles. La plupart sont pris vivants, mais beaucoup ont les pattes brisées; ils sont immédiatement sacrifiés et bientôt après expédiés sur les grands centres sous le nom de *Mauviettes*. La chasse est d'autant plus active que la valeur des petits Becs-fins a augmenté en raison directe de leur rareté. C'est ainsi, par exemple, que la douzaine de Rougesgorges, qui valait, il y a cinquante ans, de 3o à 4o centimes se paie couramment, à l'heure actuelle, 1 fr. 25 et même 1 fr. 3o, prix énorme si l'on songe que, d'après les observations de M. Lescuyer, un Rouge-gorge plumé et désossé ne pèse pas plus de 7^{gr}3o.

Depuis la promulgation d'une loi protectrice des oiseaux insectivores, il n'existe sans doute plus en Belgique de ces associations d'oiseleurs dont parle M. Émile Lefèvre et qui s'appelaient des *Meezevangers* (preneurs de Mésanges), mais les vides qu'elles ont causés dans la famille des Paridés ne pourraient être encore comblés, lors même que d'autres causes ne viendraient pas entraver la multiplication de ces Passereaux. M. Lefèvre nous apprend en effet que chaque dimanche les Meezevangers se réunissaient aux environs d'Anvers pour faire la chasse aux petits oiseaux. Après avoir attaché un Hibou sur un piquet, ils disposaient autour de l'oiseau de nuit des baguettes engluées et semaient sur la terre des graines et de la farine mouillée. De cette façon ils prenaient parfois jusqu'à 15o Mésanges en une seule journée. D'autres chasseurs d'Anvers, au moment des *passages,* tendaient, sur des terrains loués aux cultivateurs, d'immenses filets ou traînaient à travers champs le *drap de mort,* qui, en se rabattant, emprisonnait des centaines d'Alouettes, de Pinsons, de Chardonnerets et de Verdiers. Un jeune habitant d'Anvers avoua à M. Lefèvre qu'il avait dans une seule journée capturé 517 petits oiseaux.

Au siècle dernier et même au commencement de ce siècle on trouvait aussi en Allemagne des *huttes aux Mésanges* où l'on prenait chaque année des milliers d'oiseaux, mais une loi spéciale a supprimé ces coupe-gorges; quelques-uns subsistaient cependant encore vers 1861.

Naguère, si l'on en croit M. Paul Eymard, on prenait en Hollande une telle quantité de Roitelets, à l'entrée de l'hiver, qu'on remplissait des sacs de ces oiseaux dont les dimensions sont cependant des plus exiguës, tandis que, dans d'autres contrées, on faisait une guerre analogue aux Grives, aux Merles et aux Sansonnets.

Les Ortolans (*Emberiza hortulana*), déjà fort estimés des Romains pour la délicatesse de leur chair, sont encore chassés en Belgique aussi bien que dans le midi de la France, en Grèce et en Italie. De Port-Vendres à Perpignan on les capture avec de grands filets à une seule nappe, que le vent contribue à abattre et qui prennent en quelques heures des centaines d'oiseaux. Ceux-ci sont gardés en cage et engraissés ou sont expédiés immédiatement sur le marché, tandis que, dans les îles grecques, les Ortolans sont tués, plumés et mis en barils avec du vinaigre et des épices. Mais, pendant ces dernières années, la destruction a été tellement active que les passages sont devenus extrêmement restreints et que la chasse des Ortolans cesserait d'être rénumératrice si, à la place de ces oiseaux, on ne tuait et on ne vendait des Chardonnerets et jusqu'à des Fauvettes et des Rossignols !

Les autres espèces de Bruants ne sont pas épargnées, d'autant plus que ces oiseaux semblent s'offrir aux coups du chasseur; c'est ainsi, par exemple, que dans le nord de la Russie et en Allemagne on voit arriver parfois des nuées de Bruants des neiges (*Plectrophanes nivalis*) qui, à l'approche de l'hiver, sont descendus du Spitzberg et qui ont traversé les mers pour gagner des climats plus chauds. De même, sur nos côtes septentrionales, les froids rigoureux font souvent apparaître des milliers de Pinsons d'Ardennes (*Fringilla montifringilla*), qui, pour la plupart, ne revoient plus leur pays natal.

Les Hirondelles, plus heureuses, sont généralement protégées, et, dans quelques-unes de nos provinces, paraissent même être l'objet d'un respect superstitieux; mais il n'en est pas ainsi sur toute l'étendue de la France. « Contre l'Hirondelle, dit M. de la Sicotière dans son *Rapport*, dans certains départements on épuise tous les procédés de destruction. C'est sur elle que le chasseur décharge son fusil en rentrant au logis. On ne se contente pas de la chasser, on la pêche, et d'aimables dames désœuvrées s'amusent, du haut de leurs balcons, à capturer le pauvre volatile à l'aide d'un petit hameçon amorcé d'une mouche et flottant au bout d'un long fil de soie. On en prend aussi par milliers à l'aide de filets, sous prétexte d'en faire des pâtés, et quels pâtés, grand Dieu ! »

D'autre part, dans un discours prononcé le 5 octobre 1873 devant le comice agricole de Bordeaux, le cardinal Donnet évaluait à 1,073,000 le nombre d'Hirondelles détruites annuellement, au moyen de grands filets nommés *pentes*, dans *deux arrondissements* de la Gironde, et M. Dubalen écrivait, en 1876, à M. Lescuyer, qu'on prenait chaque année dans la grotte de Bedeillac (Ariège) environ 20,000 Hirondelles de fenêtre (*Chelidon urbica*).

J'ajouterai que, dans une petite ville de l'Est, où je suis né et où chaque année je retourne passer quelques semaines, j'ai pu constater une diminution très sensible dans le nombre des Hirondelles, en observant les troupes qui, peu de temps avant leur départ, se réunissent sur les fils télégraphiques reliant deux des monuments de la ville. Il y a vingt ans, dans ce lieu de rendez-vous, les oiseaux formaient quatre ou cinq rangs serrés, mais aujourd'hui leurs files sont fréquemment interrompues, et on s'explique facilement le fait en jetant les yeux sur les monuments voisins. Les corniches qui jadis étaient garnies de nids en sont maintenant complètement débarrassées, grâce aux enfants qui ont abattu à coups de pierres ces petites constructions. Et si je cite ce fait, c'est qu'il n'est malheureusement pas isolé, et que dans certains cas on voit des propriétaires, trop jaloux de la netteté de leurs immeubles, concourir à cette œuvre de destruction en faisant jeter à bas les nids d'Hirondelles qui sont accrochés sous leurs toits et à leurs fenêtres.

A cette liste de victimes que l'homme sacrifie dans un but mercantile ou pour satisfaire ses instincts cruels viennent s'ajouter les oiseaux qui sont condamnés et mis à mort comme animaux nuisibles. Dans cette dernière catégorie figurent tous les Rapaces, dont le nombre a considérablement diminué depuis un siècle. Ainsi les Aigles sont passés désormais au rang de véritables raretés, les Milans, les Autours et les Éperviers sont infiniment moins communs qu'autrefois, et les Faucons pèlerins (*Falco communis*), après avoir été recueillis et protégés au moyen âge, au beau temps de la fauconnerie, ne sont plus représentés maintenant que par quelques couples sur les falaises de Dieppe, dans les montagnes de la Provence et dans les Hautes-Pyrénées. Au nord de la Suède, au Groënland et en Islande, il est aujourd'hui très difficile de se procurer des Faucons gerfauts (*Hierofalco*), et, dans tous nos départements, les Hobereaux, les Buses, les Cresserelles, qui se nourrissent principalement de petits rongeurs et d'insectes, disparaissent avec la même rapidité que les Aigles et les Faucons, qui font la chasse au gibier à plume. Quant aux Rapaces nocturnes, leur existence est encore plus sérieusement menacée, puisque, malgré tout ce qu'on a dit et écrit à leur sujet, les Chouettes et les Hiboux sont toujours considérés dans nos campagnes comme des oiseaux de mauvais augure.

Les Hérons, que certains naturalistes ont malheureusement inscrits dans leurs catalogues d'animaux nuisibles, ne pourraient plus comme jadis être chassés au vol sur le bord de nos cours d'eau, car ils ne constituent plus en France que de rares colonies. Une des dernières, celle d'Écury-le-Grand (Marne), ne subsiste même que grâce à la protection des comtes de Sainte-Suzanne, sur les terres desquels elle se trouve placée.

Les Pies, sur lesquelles pèsent de graves accusations et qui pillent quelquefois, dit-on, les nids des petits Passereaux, ont été condamnées, malgré les efforts de leurs défenseurs, qui ont fait valoir les services qu'elles rendaient à l'agriculture en dévorant des insectes et des vers. C'est ainsi que l'Association rémoise pour la répression du braconnage a payé, en 1867 et 1868, des primes s'élevant à la somme de 38,000 francs environ pour la destruction de 11,540 Pies et 1,116 Oiseaux de proie et de 439,240 œufs appartenant aux mêmes espèces (Lefèvre, *Tous les oiseaux sont utiles*, p. 8). Pour des motifs analogues on fait, dans nos jardins publics et dans certaines propriétés particulières, une guerre acharnée aux Freux et aux Corneilles. Chaque année, l'administration ordonne de jeter à bas, dans les jardins des Tuileries et du Luxembourg, les nids des Corvidés, afin de laisser la place aux Merles et aux Ramiers, et M. Auguste Besnard rapporte (*Bulletin de la Société zoologique de France*, 1882), d'après le régisseur du château de Sourches (Sarthe), que le nombre des jeunes

Freux sacrifiés actuellement dans le parc de ce domaine s'élève à 4,000 environ.

En Angleterre on n'agit pas, en général, de cette façon, et, après avoir fait la guerre aux Freux, on s'est décidé, au moins dans certains comtés, à les laisser vivre en paix dans le voisinage des manoirs, où ils forment des colonies, des *rookeries*, pour employer le terme consacré. Le Dr Brehm et le Dr Gloger avaient déjà signalé, du reste, les services que les Freux, de même que les Corneilles et les Choucas, peuvent rendre dans les contrées infestées de Campagnols ou dans les champs ravagés par les vers blancs, et tout récemment M. Vian (*Bulletin de la Société zoologique de France*, 1881) est venu joindre à cet égard son témoignage à celui de ses devanciers.

Le Pic-vert (*Gecinus viridis*), dont l'abbé Vincelot (*La réhabilitation du Pic-vert*), Michelet (*L'Oiseau*), M. de Sélys-Longchamps (*Le Livre de la ferme*), M. Mathieu (*Cours de zoologie forestière*), le Dr Gloger (*Bulletin de la Société protectrice des animaux*, 1861), M. Ernest Menault (*La Nature*, 27 décembre 1873) et beaucoup d'autres auteurs ont fait ressortir l'utilité comme destructeur d'insectes, le Pic-vert, dis-je, et tous les Grimpeurs de la même famille ont été fréquemment en butte aux attaques des agents forestiers, qui les ont accusés de perforer le tronc des arbres sains ou d'augmenter les dégâts dans les arbres précédemment attaqués par les insectes. Aussi M. d'Esterno, membre de la Société des agriculteurs de France, a-t-il réclamé, il y a une dizaine d'années, la suppression de ce bel oiseau, qui a été rayé de la liste des animaux utiles par plusieurs gouvernements et qui, en Belgique, ne figure pas dans la liste des oiseaux insectivores dont la chasse est interdite en toutes saisons (arrêté royal du 20 avril 1873).

Il n'est pas jusqu'aux Moineaux des villes et des campagnes (*Passer domesticus* et *Passer montanus*) qui n'aient eu et qui n'aient encore leurs détracteurs, et, par suite, leurs juges et leurs bourreaux. Proscrits en Prusse sous le règne du grand Frédéric, les Moineaux ont été jugés par Buffon en ces termes : « Les Moineaux sont comme les Rats, attachés à nos habitations; ils suivent la société pour vivre à ses dépens; comme ils sont paresseux et gourmands, c'est sur des provisions toutes faites, c'est-à-dire sur le bien d'autrui, qu'ils prennent leur subsistance; nos granges et nos greniers, nos basses-cours, nos colombiers, tous les lieux en un mot où nous rassemblons ou distribuons des grains, sont les lieux qu'ils fréquentent de préférence, et, comme ils sont aussi voraces que nombreux, ils ne laissent pas de faire plus de tort que leur espèce ne vaut. Ce sont des gens que l'on rencontre partout et dont on n'a que faire.

« Il faut à peu près 20 livres de blé par an pour nourrir un couple de Moineaux, des personnes qui en avaient gardé dans des cages me l'ont assuré. Leur principale nourriture est notre meilleur grain. Ils sont si malfaisants, si incommodes, qu'il serait à désirer qu'on trouvât quelque moyen de les détruire. »

L'auteur de l'article *Moineau* dans le *Dictionnaire* de d'Orbigny n'est pas moins sévère : « Casaniers importuns, commensaux incommodes, impudents parasites qui partagent, malgré nous, nos fruits et notre domicile, les Moineaux, dit-il, ne rachètent leurs défauts par aucune qualité utile. »

M. Chatel, de Vire (*Utilité et réhabilitation du Moineau*, mémoire publié dans le *Bulletin de la Société protectrice des animaux*, t. V, et *Nouvelles observations et considérations sur l'utilité des Oiseaux*, mémoire lu à la Société d'acclimatation en 1861), Toussenel (*Le Monde des oiseaux*, t. II, p. 154), M. de Quatrefages (*Souvenirs d'un naturaliste*), M. Guérin-Méneville (*Revue zoologique*, t. VI, p. 696), M. de Sélys-Longchamps (*Le Livre de la ferme*), M. Mathieu (*Cours de zoologie forestière*, p. 76), et beaucoup d'autres auteurs que je pourrais citer, ont, il est vrai, défendu chaudement les Moineaux, mais il est toujours resté quelque chose des accusations portées, un peu à la légère, contre ces petits Passereaux, et les propriétaires campagnards, qui les voient piller leurs raisins et dérober le grain dans leurs granges, oublient volontiers les services que les Moineaux rendent en dévorant au printemps des vers blancs et d'autres insectes. Aussi ne se font-ils pas faute de leur tendre des pièges et de leur envoyer des coups de fusil. Souvent même, dans nos campagnes, on dispose le long des murs des pots de terre, à étroite ouverture, dans lesquels les Moineaux viennent nicher avec confiance et qui constituent de véritables pièges ; en effet, sitôt que les petits sont prêts à prendre leur volée, les enfants des fermiers enlèvent les nids artificiels et s'emparent des habitants, qu'ils égorgent sans pitié.

On peut même citer quelques communes où la tête des Moineaux a été mise à prix. Ainsi, en 1870, la commune d'Orléansville comprit dans son budget une somme destinée à encourager la destruction des animaux nuisibles, et grâce à cette mesure, on mit à mort 53,63o Moineaux (*Bulletin de la Société protectrice des animaux*, 1873).

Dans les pays tropicaux, les Perroquets, comme les Singes, causent certainement de grands ravages dans les plantations, et on ne peut guère blâmer ceux qui leur font la chasse; on comprend aussi qu'à la Nouvelle-Zélande on ait, dans ces derniers temps, mis à prix la tête de certains membres de cette famille, les Nestors, qui s'attaquent, paraît-il, aux Moutons introduits dans la colonie et leur enlèvent à coups de bec de larges morceaux de viande. Mais les naturalistes ne peuvent regarder avec indifférence disparaître de nouvelles espèces sur une terre lointaine qui est déjà le tombeau des grands *Dinornis*. Ces oiseaux gigantesques, qui représentaient à la Nouvelle-Zélande l'ordre des Struthioniens ou Brévipennes, ont été certainement exterminés par l'homme à une époque relativement récente, de même que l'*Æpyornis* de Madagascar, qui appartenait au même groupe ornithologique. D'un Émeu de petite taille qui vivait dans l'île Péron, voisine de l'Australie, il ne reste plus d'autre vestige qu'un spécimen conservé dans les galeries du Muséum d'histoire naturelle, et les grands Émeus de l'Australie sont infiniment moins nombreux dans leur pays natal qu'au siècle dernier. Les Casoars de la Papouasie, des Moluques et du nord de la Nouvelle-Hollande sont à leur déclin; les Nandous de l'Amérique du Sud ne sauraient résister longtemps à la guerre acharnée qui leur est faite et ne pourraient être sauvés que si on se décidait à les élever dans des fermes comme cela se pratique maintenant pour les Autruches dans l'Afrique australe et en Algérie. Au moment où cette mesure fut adoptée, les Autruches commençaient à devenir extrêmement rares, car de tous côtés les indigènes, les Arabes et les colons européens leur dérobaient leurs œufs ou les poursuivaient pour se procurer leur chair et leurs plumes.

Dans l'ordre des Échassiers et dans celui des Pigeons, il s'est également produit des vides nombreux depuis trois ou quatre siècles, et le Dronte de l'île Maurice, le Solitaire et le Géant de l'île Rodrigue seraient même complètement inconnus des naturalistes, si quelques voyageurs n'avaient eu soin de les décrire et si l'on n'avait découvert leur ossements dans des tourbières et dans des marécages. Ces oiseaux inoffensifs et incapables même de se défendre ont été massacrés jusqu'au dernier par les navigateurs qui ont successivement abordé dans les îles Mascareignes.

En un mot, il semble que l'homme se soit donné pour but l'anéantissement de toutes les créatures emplumées; déjà, dans la campagne qu'il poursuit contre ces oiseaux, les anciens procédés lui paraissent insuffisants, il ne se contente plus des lacets, des filets et des gluaux, il a recours aux poisons et à l'électricité. Il résulte en effet d'une observation du Dr Turrel, consignée dans le *Rapport* de M. de la Sicotière (page 78, note), que du gibier tué avec de la strychnine circule librement sur tous les marchés du Midi au grand péril de la santé publique, et d'autre part nous trouvons dans un article de la *Gazette commerciale,* reproduit par le journal *L'Acclimatation,* la description d'un procédé de destruction de petits oiseaux qui a été imaginé récemment aux environs de Marseille et qui est aussi rapide que meurtrier. Voici en quoi consiste ce procédé : on entoure les branches d'un arbre mort d'un fil de cuivre que l'on met en communication avec une bobine de Rhumkorff. « Un oiseau servant à attirer ses compères est attaché au bout d'un mât, près de l'arbre préparé, et lorsque les malheureux et confiants voyageurs sont réunis en assez grand nombre sur le traître perchoir, le chasseur qui les guette fait un mouvement avec le commutateur qu'il a sous la main et c'est alors un foudroiement général.

« L'effet est sûr et ne dépend plus de l'adresse du chasseur. »

Ce n'est pas tout encore, car ce n'est pas seulement par des attaques directes que l'homme exerce une action néfaste sur une foule d'espèces ornithologiques; il compromet aussi leur existence d'une manière indirecte, en supprimant leurs retraites naturelles et en élevant des constructions qui les gênent dans leurs migrations.

« La destruction irréfléchie des arbres, écrivait le Dr Gloger en 1881 (*Kleine Ermahnung zum Schutze nützlicher Thiere*), a rendu très difficile ou même impossible la vie, non seulement des oiseaux qui se nourrissent de petits rongeurs, mais encore des très nombreuses espèces qui rendent de grands services en détruisant les vers et les insectes; l'existence de ces oiseaux est menacée par suite de cette dénudation des champs, voici de quelle manière : la plupart des insectivores ont le vol faible, et, quand ils traversent de grands espaces découverts, comme ils doivent souvent le faire dans leurs migrations, ils se fatiguent rapidement. Alors ils sont heureux de trouver un lieu de repos et de refuge dans le couvert d'un arbre, d'un arbrisseau ou d'un buisson. Lorsque ces abris viennent à manquer, les petits voyageurs, brisés de fatigue, se trouvent fatalement à la merci des Éperviers et des petits Faucons, qui, grâce à leur agilité, saisissent facilement le gibier au vol. Au contraire les oiseaux perchés ne sont jamais assaillis par les petits Faucons. »

D'après M. Barbier-Montault (*L'Acclimatation*, 1878, p. 454), le préjudice, énorme cependant, que causent aux oiseaux insectivores les enfants qui détruisent les nids et les œufs, ne serait rien auprès du mal que font les agriculteurs en défrichant les landes et les bruyères et en arrachant les haies qui jadis entouraient les champs. Les oiseaux insectivores ne rencontrent plus les abris qui leur convenaient pour y vivre commodément et y élever leur famille au centre d'un terrain où ils trouvaient en abondance la nourriture qui leur était nécessaire.

« Qu'on se figure, dit M. Barbier-Montault, la quantité d'insectes détruits dans un champ entouré de haies où cinq ou six nichées, et peut être davantage, existeront. Chaque nid contiendra au moins cinq ou six petits; combien de milliers d'insectes faudrait-il pour rassasier ces petits becs réclamant toujours une nouvelle pâture? Le nombre en est incalculable. La haie ayant disparu, l'auxiliaire n'existe plus, et la récolte est ravagée; l'oiseau a cherché une contrée plus hospitalière. L'agriculture faisant chaque jour de nouveaux progrès et les défrichements continuant, le mal deviendra incurable; à peine pourrons-nous y apporter quelques palliatifs. »

C'est à la même cause que M. de Sélys-Lonchamps attribue (*Considérations sur le genre Mésange; Bulletin de la Société zool. de France*, 1884) la diminution considérable qu'il a constatée dans le nombre des Mésanges qui vivent dans la province de Liège (Belgique). « On a remplacé, dit M. de Sélys, par des clôtures ciselées régulièrement et réduites à un minimum de hauteur et d'épaisseur les vieilles et les larges haies presque impénétrables et rarement taillées, remplies de broussailles de toute espèce, qui occasionnaient une perte notable de terrain cultivé ou nuisaient au bon état des chemins vicinaux à cause de leur hauteur, mais qui offraient aux petits oiseaux des retraites favorables, des troncs creux pour leur nidification et des baies variées d'épine, églantier, merisier, ronces, etc. D'autres animaux insectivores utiles qui hantaient ces vieilles haies, notamment le Hérisson et l'Orvet, sont à peu près éteints. Le chemin de fer et sa station sont venus en outre occuper une partie de ces terrains, traversés encore par de larges routes bordées de nouvelles constructions; si la loi protectrice des animaux n'avait pas été édictée, il est probable que plusieurs de nos oiseaux sédentaires auraient presque disparu de la province de Liège, que je cite particulièrement pour ne parler que de ce que je connais le mieux. »

L'établissement de lignes télégraphiques le long des voies ferrées a été certainement très préjudiciable aux oiseaux de passage, et le Dr Elliot Coues, dans l'*American Naturalist*, évalue à quelques centaines de mille le nombre des Passereaux, des Échassiers et des Palmipèdes qui perdent la vie en se heurtant pendant la nuit ou même en plein jour contre les fils télégraphiques. Pour montrer que cette évaluation n'a rien d'exagéré, le naturaliste dont je viens de citer le nom rapporte que, au mois d'octobre, voyageant à cheval le long de la ligne télégraphique de Denver (Colorado) à Cheyenne (Wyoming), il a compté lui-même, sur un espace de trois milles, les cadavres de cent oiseaux gisant sous les fils.

Enfin on ne saurait se faire une idée de la prodigieuse quantité d'oiseaux qui trouvent la mort auprès des phares. Les phares, en effet, sont souvent placés sur les grandes routes que les espèces émigrantes suivent dans leurs voyages et, par leurs lumières, ils attirent et éblouissent les oiseaux qui viennent se briser la tête contre les glaces de la lanterne et contre les murailles de la tour, ou qui se laissent prendre, soit à la main, soit dans des pièges grossiers.

C'est ce qui se passe notamment sur l'îlot d'Héligoland. « Cet îlot, dit M. Cordeaux (*Ibis*, 1875, p. 172), se trouve sur la route que suivent les troupes d'oiseaux migrateurs quand elles se rendent de l'Afrique et des contrées méridionales de l'Europe dans leurs endroits de propagation, au milieu des rochers déserts et des plaines isolées de l'Europe boréale, ou au centre des tundras glacées de l'Asie septentrionale. Dans leurs voyages ces hordes d'émigrants, suivant d'ordinaire la ligne des côtes, sont heureux de trouver le rocher d'Héligoland, qui leur offre un lieu de repos à mi-chemin entre le Texel et la Naze. Pendant le jour les côtes rocheuses de l'îlot se distinguent à plusieurs milles en mer, et, pendant les nuits obscures, on voit briller comme un soleil le feu du phare construit dans la partie la plus élevée de l'îlot, à 200 pieds au moins au-dessus du niveau de la mer. Sa lumière attire parfois des milliers d'oiseaux, qui remplissent l'air de leurs cris et du battement de leurs ailes, et le matin, en automne, après une nuit d'orage, on peut recueillir sur les rochers dénudés toute une collection d'oiseaux migrateurs, venus des pays lointains. Le soir du 6 novembre 1868, vers 9 heures et demie, quand la lune se leva et que les oiseaux cessèrent d'être attirés par la lumière du phare, on captura 3,400 Alouettes qui s'agitaient autour de la lanterne. M. Gätke en prit 440 de ses propres mains, et le même soir, au moyen de filets, de lampes et d'autres engins, on prit 11,600 autres oiseaux du même groupe sur la plate-forme au pied de la tour. On avait donc capturé en tout 15,000 Alouettes ; en outre on avait entendu les cris d'appel d'une foule de Bécasses, de Pluviers et d'autres petits Échassiers. »

Enfin M. le Dr Turrel (*Bulletin de la Société d'acclimatation,* 3e série, tome I) nous apprend que M. Nonay, avocat, a vu prendre, le 23 avril 1873, 125 douzaines d'oiseaux insectivores par le gardien d'un phare sur les côtes de la Méditerranée.

De ce rapide exposé il ressort clairement, je crois, que, depuis quelques siècles, des vides nombreux se sont produits dans la population ornithologique de notre globe; que, par des causes multiples, mais surtout grâce à l'influence de l'homme, des espèces d'oiseaux ont été complètement anéanties et que d'autres sont menacées d'extinction. Par suite l'équilibre qui existait primitivement se trouve rompu, les harmonies naturelles sont fatalement troublées. La disparition ou simplement l'éloignement momentané de telle ou telle espèce carnivore ou granivore a nécessairement pour conséquence le développement inusité d'une autre espèce, animale ou végétale. Or de trois choses l'une : l'espèce qui prend ainsi de l'extension est utile, elle est indifférente, comme disent les naturalistes allemands, ou elle est franchement nuisible. Dans les deux premiers cas la disparition de l'espèce carnivore ou granivore, servant de *modérateur,* n'affligera que le savant et l'artiste, qui seront privés d'un élément d'étude, d'un sujet d'admiration ; dans le dernier cas, au contraire, elle intéressera directement l'agriculteur en permettant la multiplication de rongeurs et d'insectes nuisibles, la propagation de plantes parasites.

Malheureusement, le dernier cas est de beaucoup le plus fréquent.

Parmi les oiseaux détruits par l'homme depuis les temps historiques, c'est à peine si l'on pourrait citer deux ou trois espèces nuisibles et quelques espèces indifférentes, tandis qu'on trouverait un grand nombre d'espèces utiles, au moins au point de vue alimentaire. D'autre part, il est certain que, parmi les oiseaux dont l'existence est menacée, l'immense majorité se compose d'espèces auxiliaires. Assurément il faut se féliciter de voir diminuer le nombre des Rapaces qui se nourrissent de gibier à plume et de Passereaux insectivores; mais ne serait-il pas préférable de protéger directement ce même gibier, ces mêmes Passereaux, de les ménager et d'assurer leur reproduction? Que signifient quelques couples de Perdrix ou de Cailles arrachées des serres d'un Aigle, quelques Fauvettes sauvées des attaques d'un Milan, en comparaison des milliers de Gallinacés massacrés dans des battues, des myriades de Becs-fins étranglés dans des collets? A quoi sert de tuer les Pies et les Corneilles qui brisent les œufs des petits oiseaux, si on déniche ces mêmes œufs, si on jette à bas les nids, si on chasse les parents de leurs dernières retraites?

Pour se faire une idée du dommage que cette imprévoyance cause à l'agriculture, il suffit de jeter les yeux sur les chiffres cités par le Dr Gloger, par Toussenel, par M. Lefèvre, par M. Florent Prévost, par l'abbé Vincelot, par M. Chatel, par M. de Quatrefages, par M. Froidefond, par M. Millet, par M. Lescuyer, par M. de la Sicotière, par le Dr Brehm, par le Dr Altum, par M. Cretté de Palluel, en un mot par une foule d'auteurs dignes de foi. Ces naturalistes estiment à quelques centaines le nombre de Souris et de Campagnols qu'une Chouette ou un Hibou détruit dans une campagne, à 4,300 le nombre de chenilles qu'un couple de Moineaux apporte à ses petits, à 9,000 le nombre d'insectes dévorés par une nichée de Troglodytes depuis leur éclosion jusqu'à leur développement complet, à 16,320 le nombre de mouches et de moucherons qu'une Hirondelle capture pendant les cinq ou six mois qu'elle passe dans nos contrées et à 5,760 le nombre d'insectes adultes, de chenilles et de larves, consommés en une quinzaine de jours par une petite troupe de Mésanges bleues. Quant au

nombre de fruits que peut coûter la destruction d'un couple d'oiseaux insectivores, on l'a évalué à 225,000, en tenant compte des
dégâts que causent les mouches et les larves dans les jardins et les
vergers. Ces chiffres, qui reposent sur des observations sérieuses
et maintes fois répétées, n'ont pas besoin de commentaires.
Ainsi, je ne sais sur quelles données s'appuie M. P. Wickevoort-
Crommelin, quand il écrit, dans une lettre adressée à M. Olphe-
Gaillard (*Revue et Magasin de zoologie*, 1875, p. 24) : « Quant à la
prétendue utilité de plusieurs oiseaux pour l'agriculture, je pense
avec vous qu'elle est souvent fort douteuse, ou du moins variable,
et surtout la plupart du temps très difficile à prouver. » Je ne
comprends pas davantage comment M. H. Sclafer, dans son livre
intitulé *La chasse et le paysan* (Paris, 1868) peut poser cette question : « Les petits oiseaux sont-ils utiles à l'agriculture? » et surtout
comment il peut y répondre en ces termes : « Ils consomment très
peu de larves, d'insectes et pas du tout de chenilles. En amorçant des trébuchets avec des chenilles je n'ai pu prendre aucun
oiseau.

« La Poule et le Canard ne mangent pas de chenilles. Lors
même qu'ils se nourriraient de chenilles, larves, pucerons, ils
n'en consommeraient jamais que très peu relativement au nombre
considérable de ces animalcules. Les détruire, c'est une tâche
semblable à celle d'épuiser l'océan goutte par goutte.

« La plupart des oiseaux quittent les insectes pour les fruits, dès
que ceux-ci ont paru.

« Jamais il ne m'a été possible de trouver dans le jabot, soigneusement dépouillé, même à la loupe, la moindre trace de chenilles;
en fait je n'y ai trouvé que des moucherons, et encore en bien
petite quantité.

« Dans l'estomac de la Bécasse j'ai reconnu force terre, stercoraires, sangsues, etc. Quant à amorcer un grand nombre de petits
pièges pour lesquels j'étais souvent à court, j'ai dû essayer de bien
des appâts divers, tels que baies, insectes, fruits, annélides et
jusqu'à des chrysalides de mouches; jamais, en amorçant mes
trébuchets d'une chenille quelconque, je n'ai pu prendre un seul
oiseau.

« Le potager que j'habite est entouré de murailles, le long desquelles règne une figueraie, dont j'ai le malheur, chaque automne,
de voir piller par les oiseaux toutes les figues. Il y a là une nuée

de Subulirostres, de Passereaux, que ni plumail ni drapeaux ne peuvent éloigner. Auprès des figuiers sont des carrés de choux mangés de chenilles, jusqu'aux nervures; jamais un seul oiseau ne descend en avaler une, bien qu'il n'y ait rien pour les écarter. Ils aiment mieux aller aux figuiers, en dépit des épouvantails dont chacun de ces arbres est armé.

« La Poule, ce volatile omnivore, auquel j'ai vu avaler même des souris vives, la Poule ne mange pas de chenilles.

« Et, remarquons-le, il y a une raison pour que les chenilles, les larves, les chrysalides ne soient pas dévorées, la nature ne laissant pas facilement détruire l'être appelé à former des métamorphoses successives, avant qu'il les ait accomplies. Une chose protège la chenille, c'est qu'elle doit être papillon. La carpe est bien vorace, et cependant la carpe ne mange pas les têtards de grenouilles. En avril, limaçons et chenilles dévorent les feuilles de la vigne et des arbres à fruits, mais ils ne touchent pas à la manne, qui doit être le raisin, ni à l'embryon, qui doit être le fruit.

« Mais lors même que les oiseaux se nourriraient de chenilles, de larves, de pucerons, de papillons, etc., ils n'en consommeraient jamais assez, vu leur nombre relativement restreint, et celui innombrable de tous ces animalcules, pour en arrêter les ravages. Les infiniment petits sont infiniment féconds.

« Pensez à l'effrayante multiplication de ces insectes, qui effectuent individuellement, mois par mois, des pontes de plusieurs milliers d'œufs, et dites-moi si vouloir faire détruire, insecte par insecte, une telle multitude, ce n'est pas approchant comme vouloir tarir l'océan en y prenant l'eau goutte à goutte. Au reste, ces oiseaux sur lesquels vous comptez pour écheniller le pays sont à peu près tous oiseaux de passage, qui ne font que traverser nos climats, et comme ils les traversent en été et en automne, juste au moment où les haies sont chargées de baies, le sol de grains, se détournent-ils d'un pareil régal pour se jeter sur des insectes, dont ils sont à tout le moins très-peu friands?

« Puisque le législateur entend veiller à la conservation des destructeurs d'insectes, je me permettrai de lui en désigner un, qui est un insectivore bien caractérisé, un insectivore exclusif, et qui a grand besoin qu'on le protège.

« Les petits oiseaux nous font payer trop cher leur intervention.

J'ai vu des champs de colza et de froment réduits à la paille sèche;
j'ai vu les porte-graines des chènevières pelés à fond par les granivores; j'ai vu des vignes dont toutes les bordures étaient réduites
à la rafle seule, grâce à ceux que l'on appelle les auxiliaires de
l'agriculture. Buffon assure qu'un couple de moineaux consomme
annuellement 20 livres de blé; à 50 couples au moins par habitation bourgeoise, cela fait près de 7 hectolitres, juste de quoi
nourrir un paysan et sa femme.

« O vous qui demandez que les oiseaux pullulent, n'avez-vous
pas l'exemple de l'Afrique, où ils ont pu se multiplier tout à leur
aise? Qu'en est-il résulté? qu'ils y sont devenus le pire fléau de
l'agriculture.

« De plus, remarquez-le, les nombreux oiseaux n'empêchent
point l'invasion des sauterelles. » (H. Sclafer, *La chasse et le paysan*,
passage cité par M. Olphe-Gaillard, *Revue et Mag. de zool.*, 1875,
pages 25 et 26.)

La même opinion se trouve exprimée à peu près dans les mêmes
termes par M. Paul Eymard, dans sa brochure sur la *Chasse aux
petits oiseaux*. Cet auteur déclare formellement, en effet, « que les
petits oiseaux ne peuvent rien contre les insectes à l'état de fléau;
quand la quantité est normale, dit M. Eymard, il est certain que
les oiseaux, gros et petits, concourent à ce grand équilibre de la
nature qui veut que, par suite d'une loi toute providentielle, les
animaux se nourrissent presque tous les uns des autres, jusqu'à
l'homme lui-même qui fait servir la plupart des animaux à sa
nourriture. Quant aux services rendus par les petits granivores
qui se nourrissent de graines, de mauvaises herbes, et purgent les
champs de ces végétaux nuisibles, je répondrais que le discerne-
ment des oiseaux n'est pas grand et que le mal qu'ils font aux
récoltes dépasse souvent le bien qu'ils produisent. » A l'appui de
ce qu'il avance, M. Eymard cite divers exemples: il parle du Chardonneret, qui ne se contente pas de graines de chardon, mais qui
dévaste aussi les champs de panais, de colza et de chanvre; des
Merles et des Grives, qui se nourrissent non seulement de baies
inutiles, mais de raisins; des Étourneaux ou Sansonnets, qui nous
arrivent de Hollande en automne et qui saccagent nos vignobles;
des Moineaux, contre la rapacité desquels nos agriculteurs ont
beaucoup de peine à défendre leurs récoltes, et d'autres Passereaux,
qui, en Afrique, constituent par leur multitude un très grand

fléau; et il conclut en disant que, « si les petits oiseaux rendent quelques services en mangeant *quelques* mauvaises graines et *quelques* insectes, ils commettent des dégâts encore bien plus grands en dévorant nos récoltes tant en graines qu'en fruits ».

Ces conclusions de M. Wickevoort, de M. Sclafer et de M. Eymard sont, je dois le dire, en désaccord formel, absolu, avec celles qu'ont formulées la plupart des observateurs les plus compétents d'après des observations très soigneusement faites. En effet ce n'est pas, comme le prétend M. Eymard, *quelques* mauvaises graines, *quelques* menus insectes, mais *d'énormes quantités* de mauvaises graines, *des milliers* et *des millions* d'insectes, que les oiseaux détruisent annuellement, et si les oiseaux sont *actuellement* impuissants contre les fléaux qui dévastent nos cultures, cela tient certainement à ce qu'ils sont en trop petit nombre et à ce qu'ils ne trouvent chez l'homme aucun appui, bien au contraire. D'autre part, si, comme le reconnaît l'auteur que je viens de citer, les granivores et les insectivores concourent déjà, dans des circonstances normales, à maintenir l'équilibre, cela ne me paraît nullement un service à dédaigner, puisque c'est précisément la rupture de cet équilibre qui produit le développement de certains fléaux.

Quant à l'assertion de M. Sclafer que les Passereaux ne mangent pas de chenilles, elle demande, je crois, confirmation, alors surtout que plusieurs naturalistes distingués citent formellement des débris de chenilles parmi les substances contenues dans l'estomac des Gros-becs ou Becs-fins dont ils ont fait l'autopsie. Tout au plus pourrait-on admettre *à priori* l'aversion des petits oiseaux pour les chenilles poilues; mais en tous cas, on ne saurait, comme le fait M. Sclafer conclure du régime de la Poule et du Canard à celui d'un Passereau!

La difficulté que l'on éprouverait à prendre des oiseaux dans des trébuchets amorcés avec des chenilles ne saurait non plus être invoquée comme une preuve de l'aversion que les oiseaux éprouveraient pour les larves d'insectes. On sait en effet que l'on réussit fort bien à capturer diverses espèces en prenant comme appâts des vers de farine, c'est-à-dire des larves de diptères, et personne n'ignore que c'est avec ces mêmes vers, avec des mouches, du cœur de bœuf hâché, de la viande coupée menu que l'on nourrit en captivité les Fauvettes, les Rossignols et les Rouges-gorges. Ceci prouve tout au moins que les Becs-fins recherchent surtout les aliments d'origine animale. Mais, en observant ces mêmes oiseaux à l'état sauvage, on ne conserve plus le moindre doute à cet égard, et on voit que les Sittelles, les Grimpereaux, les Mésanges, les Merles, les Fauvettes, les Roitelets, les Traquets, vivent au printemps et en été de lépidoptères (et particulièrement de Tinéites, ces papillons dont les chenilles causent d'énormes dégâts), de mouches, de cousins, de punaises, de sauterelles, d'araignées, de petits mollusques, de vers et, en automne, de baies de merisier, de sureau, d'églantier, d'épine blanche, de ronce, en un mot de fruits sauvages. Que pourraient chercher les Bergeronnettes au printemps et à l'automne, quand elles cheminent dans les terres labourées derrière les charrues, si ce n'est des larves et des vermisseaux?

Mais ce ne sont pas seulement des Becs-fins qui se nourrissent d'insectes et de mollusques, les Conirostres eux-mêmes ont aussi le même régime dans certaines saisons, comme M. Lescuyer et M. Froidefond l'ont parfaitement reconnu. L'autopsie d'une Alouette lulu trouvée étranglée par un lacet a fourni à M. Froidefond (*Rapport sur l'utilité des petits oiseaux*, 1877) les indications suivantes : « Le jabot, d'une petite capacité, était assez bien garni de diverses portions d'insectes et en particulier de charançons et d'autres coléoptères parés de belles couleurs, enfin de vermisseaux, de fourmis, d'œufs de fourmi et de semences de légumineuses (trèfle).

« Le ventricule succenturié ne présentait rien de remarquable; il contenait seulement de faibles parties de la même alimentation que celle trouvée dans le jabot.

« Le gésier, très plein, renfermait beaucoup de débris de toutes sortes; vus à la loupe, nous avons pu distinguer des fractions de pattes et de têtes d'orthoptères (sauterelles), des brins d'herbe, des chrysalides, des larves, un peu de sable et une certaine quantité de petites semences de plantes diverses.

« L'autopsie d'une Farlouse, tuée au fusil dans une prairie marécageuse, a révélé à peu près les mêmes particularités; le jabot distendu renfermait de petits limaçons, des graines de jonc, des lombrics et de nombreux insectes, et le gésier contenait des débris extrêmement ténus de coquilles, des restes de vers et de cousins, des fragments d'élytres de coléoptères, de petites graines et un peu de matière tourbeuse.

« Chez une Linotte trouvée morte dans le champ d'un oiseleur, dit encore M. Froidefond, le jabot, vu à l'intérieur, était énorme par l'accumulation des gaz, d'abord, et ensuite de la nourriture, qui se composait de beaucoup de petits vers, de graines de composées et d'environ le tiers de la partie inférieure d'une courtilière champêtre très divisée à coups de bec.

« Le ventricule succenturié, comme dans le précédent sujet, ne présentait aucun caractère utile à la démonstration cherchée. Le gésier, au contraire, était presque vide, quelques grains de sable, de petits fragments d'herbe et des *débris de chenilles très visibles à la loupe* composaient son contenu.

« Un Moineau, pris à une cage-piège malgré son expérience et sa ruse, ne nous a pas laissé de doutes sur sa qualité d'omnivore ; en examinant l'ensemble de son appareil digestif, nous avons trouvé dans son jabot, assez bien garni, de petites semences, des portions abdominales de hannetons, des *fragments de chenilles,* quelques vers et de nombreux corps opaques ressemblant, par leur couleur bleu métallique, à des graines de viorne. En plus, des fragments de pétales de tournesol et de topinambour, sur qui avait dû s'arrêter le friand pour en détacher le fleuron et prendre la semence.

« La seconde partie de cet appareil digestif, le ventricule succenturié, beaucoup plus volumineux que chez les autres sujets déjà vérifiés, renfermait une quantité notable de suc gastrique et bien des parcelles de nourriture en tout semblables à celles vues dans le jabot.

« Le gésier, assez maigrement garni, contenait une certaine quantité de déjections d'herbivores, beaucoup de petites graines, des limaçons, du sable et des matières terreuses. »

Le Loriot, dont M. Eymard ne parle pas, mais qui est généralement condamné dans nos campagnes, offre un excellent exemple d'une espèce mal jugée sur des observations incomplètes.

« On considère généralement, dit M. Cretté de Palluel (*Bulletin de la Société d'acclimatation,* 1878), le Loriot comme un oiseau nuisible qui se nourrit de baies, de fruits, de cerises en particulier : c'est une erreur qu'il importe de relever ; car, loin de nuire aux arbres fruitiers et de consommer autant de fruits qu'on le suppose, il débarrasse nos plantations des insectes les plus nuisibles. En effet, à diverses époques, au moment de la maturité des cerises notamment, dans les localités où abondent les arbres portant ces fruits, sur ces arbres mêmes, j'ai capturé un grand nombre de Loriots, et, en examinant le contenu de leur estomac, j'ai constaté que tous, sans exception, étaient gorgés d'insectes nuisibles; chez quelques-uns seulement, j'ai trouvé, avec des insectes nuisibles, une faible quantité de fruits. Les lépidoptères, sous les divers états de larves, de chrysalides et de papillons, forment la base du régime alimentaire du Loriot, avec quelques coléoptères, certains orthoptères et des fruits dans des proportions insignifiantes. Parmi les lépidoptères qui servent de nourriture habituelle au Loriot, le plus grand nombre appartient aux espèces les plus nuisibles, les unes à nos cultures, les autres à l'homme. Le Loriot ne digère pas les graines des fruits qu'il mange; c'est donc le propagateur naturel des arbres fruitiers et non leur ennemi. »

Le naturaliste anglais Macgillivray, dont le témoignage est invoqué par M. V. Chatel dans son plaidoyer en faveur des Moineaux, affirme que, sans ces oiseaux, les jardins potagers des environs de Londres ne pourraient pas fournir un seul chou au marché de la capitale. M. Brehm attribue l'état prospère des arbustes et des arbres des jardins publics de Paris à la présence des Moineaux qui pullulent au Luxembourg, aux Tuileries, au Jardin des plantes et dans les squares, et, suivant une communication du Dr Brewer reproduite par l'auteur de la *Vie des animaux* (*Oiseaux*, p. 129), « les Moineaux, introduits à New-York et dans les villes voisines, y ont exercé une action très sensible sur les insectes nuisibles; pendant l'été de 1867, on les a vus faire une chasse active à ces insectes, ce qui a eu pour résultat la conservation du feuillage d'un très grand nombre d'arbres. Ces services sont appréciés; aussi a-t-on construit pour ces utiles auxiliaires des nids de paille et leur donne-t-on régulièrement de la nourriture dans les parcs de New-York et des autres villes. » En 1869 on put aussi constater directement l'utilité des Moineaux quand on eut lâché des centaines de ces oiseaux dans les jardins publics de Philadelphie, où les chenilles s'étaient multipliées d'une façon désespérante.

En Australie on a introduit également des Moineaux pour détruire les insectes qui ravagent les vergers, et en Italie, où ces mêmes Passereaux avaient été proscrits, on a dû se hâter, à ce que nous apprend M. V. Chatel, de leur accorder de nouveau la plus large hospitalité. Dans quelques localités même on leur a élevé des tours, des sortes de colombiers, où ils nichent et se reproduisent en quantité et où l'on fait de temps en temps des captures, destinées à maintenir l'espèce dans des limites raisonnables.

Chaque année on expédie aux États-Unis 400 à 500 Bouvreuils, autant de Chardonnerets, autant de Grives et de Rouges-gorges. Enfin, en 1876, une cargaison de Passereaux des différentes espèces a quitté la Tamise à destination de la Nouvelle-Zélande, et à leur arrivée les petits émigrants ont été placés sous la sauvegarde de lois extrêmement sévères. Ces faits, qui sont consignés dans les *Bulletins* de la Société d'acclimatation et de la Société protectrice des animaux ainsi que dans le *Rapport* de M. de la Sicotière au Sénat, montrent qu'à l'étranger on est loin de juger les petits Passereaux avec autant de sévérité que le fait M. Eymard. Voici d'autre part ce que dit M. Lenz, observateur des plus consciencieux, au sujet de l'Étourneau, c'est-à-dire de l'une des espèces si fortement chargées par M. Eymard.

« L'Étourneau est de tous les oiseaux celui dont l'utilité peut se démontrer le plus facilement. Lorsque les premiers petits sont éclos, les parents leur apportent à manger, le matin toutes les trois minutes, le soir toutes les cinq; ce qui fait, le matin pour sept heures, 140 limaces (ou sauterelles, chenilles etc.,), et le soir, 84. Les deux parents mangent, eux, au moins 10 limaces par heure, soit 140 en 14 heures; ainsi, en un jour, une famille d'Étourneaux détruit 364 limaces. Lorsque les petits ont pris leur essor, ils en détruisent bien davantage. Puis vient la seconde couvée, et, lorsque les petits qui la composent ont aussi pris leur volée, la famille se trouve composée de douze membres, dont chacun mange par heure 5 limaces, soit en un jour 840 pour toute la famille.

« J'ai dans mon jardin 42 nids artificiels pour Étourneaux. Ils sont tous pleins, et, en admettant que chaque famille soit composée de douze membres, ce sont 504 Étourneaux que je fais entrer chaque année en campagne, et qui détruisent chaque jour 35,280 limaces.

« Autrefois, les Étourneaux ne se montraient qu'isolés dans les environs de Gotha. Il y a douze ans, je fis un premier essai de disposer pour eux des nids artificiels. Je n'eus jusqu'en 1856 aucun succès, par ce simple motif qu'aucun Étourneau n'y pouvait entrer : l'ouverture en était trop étroite. Au commencement de l'année, un nouveau forestier arriva à Friedrichroda, mit partout des retraites convenablement construites et m'invita à suivre son exemple. Bientôt nous avions répandu l'élève des Étourneaux dans tout le duché de Gotha et dans une grande partie de la forêt de Thuringe. Déjà dans l'automne de 1856 on voyait des Étourneax près de tous les troupeaux de bœufs, et par bandes quelquefois de 500 individus. En 1857, ils étaient devenus innombrables. Dans les roseaux de l'étang de Kumbach, à une demi-lieue de Schnepfenthal, 40,000 Étourneaux passaient la nuit; 100,000 dans ceux de l'étang de Siebleb, près de Gotha; 40,000 dans ceux de l'étang Neuf près de Waltershausen; soit en tout 180,000 Étourneaux qui, chaque jour, détruisaient au moins 12 milliards 600 millions de limaces. » (Passage cité par Brehm, *Vie des animaux*, éd. franç.; *Oiseaux*, t. I, p. 245.)

En traversant le Wurtemberg et la Bavière pour me rendre au Congrès de Vienne, j'ai pu voir, dans un grand nombre de villages, le long de la voie ferrée, de ces nids d'Étourneaux, en forme de petites cabanes, disposés au sommet d'une longue perche qui est elle-même fichée en terre au milieu d'un enclos, ou appliquée contre le mur d'une habitation.

A propos de la famille des Étourneaux je pourrais rappeler aussi les services rendus aux plantations des îles Maurice et de la Réunion par un oiseau de cette famille, le Martin triste ou *Acridotheres tristis* (et non le Martin rose ou *Pastor roseus*, comme l'écrit par erreur M. de la Sicotière), qui avait été introduit dans ces îles par Desforges-Boucher et par l'intendant Poivre; je pourrais invoquer aussi le témoignage de Pline, considérant déjà les Séleucidés (ou Martins-roselins) comme des oiseaux spécialement envoyés par Jupiter, à la demande des habitants du mont Casius, pour détruire les sauterelles qui ravageaient les moissons, et déclarant qu'on ne voit jamais ces Séleucidés que lorsqu'on a besoin de leurs secours. Je pourrais citer des passages de l'*Ornithologie du Gard*, de M. Crespon, dans lesquels le régime insectivore des Martins-roselins est affirmé, *de visu;* mais ce serait prendre une peine inutile, car les mérites de ces Passereaux ont été clairement exposés par M. Cretté de Palluel dans son *Mémoire sur les oiseaux acridiphages* (*Bulletin de la Société d'acclimatation*, 1868). Cet observateur a nommé en outre une foule d'espèces qui, à l'exemple du Martin, se nourrissent de sauterelles, et a insisté sur la nécessité de protéger ces oiseaux et d'en défendre la vente publique *au moins jusqu'à nouvel ordre.* M. Cretté de Palluel pense en effet que, si l'on accordait une protection *illimitée* à ces oiseaux, si on leur permettait de multiplier à l'excès, ils seraient obligés, les ennemis étant chassés et détruits, de ravager pour vivre les champs qu'ils avaient mission de protéger. Mais une pareille éventualité n'est guère à redouter d'ici à très longtemps. Pendant des années les oiseaux acridiphages trouveront malheureusement plus d'insectes qu'il ne leur en faut pour apaiser leur faim, et il sera toujours plus facile d'éclaircir les rangs des insectivores que de combler les vides qui existent dans leurs troupes. Les chances de destruction sont si grandes qu'une espèce ornithologique a besoin d'une période de temps considérable pour reprendre dans la nature la place qu'elle occupait primitivement, et que deux ou trois ans de chasse effrénée ont suffi à lui faire perdre.

M. Eymard se défend d'ailleurs de vouloir la destruction de toute espèce d'oiseaux et en toutes saisons; il déclare même qu'il appuiera toute législation et toutes mesures administratives qui tendront à protéger les oiseaux et leurs nids. « Tant qu'ils sont sédentaires, dit-il, ce sont des hôtes que nous devons défendre contre leurs ennemis, et l'on ne saurait prendre de trop sévères mesures pour empêcher une destruction inutile et qui ne profite même pas à ceux qui la commettent. Mais une fois l'oiseau hors de son nid, après un séjour plus ou moins long, les chanteurs perdent leur voix, les mâles perdent l'éclat de leur plumage d'amour; ils se rassemblent au fond des bois pour émigrer; en un mot ils deviennent *gibier*. Dès que vient le mois de septembre, presque tous quittent le pays où ils ont vu le jour, ils s'engraissent, traversent nos contrées européennes et alimentent nos voisins, tandis que nous les laissons passer en leur accordant une protection dont ils ne profitent même pas, puisqu'ils vont tomber dans les pièges de peuples mieux avisés que nous; et ne croyez pas qu'en les épargnant il vous en reviendra davantage l'année suivante, car ils émigrent par millions et reviennent l'année suivante par centaines. Comment? pourquoi? c'est là un mystère d'anéantissement bien difficile à éclairer, car l'on n'a sur les migrations des oiseaux que des données tout à fait incomplètes pour la plupart. »

Le mystère dont parle M. Eymard ne me semble pas bien difficile à pénétrer. Si les oiseaux qui nous quittent par *millions* nous reviennent par *centaines*, cela provient de ce qu'ils subissent, dans le cours de leurs longs voyages, des pertes nombreuses par le

fait des tempêtes, des orages, par la rencontre d'animaux carnassiers, et surtout par la guerre qu'on leur fait dans les pays
voisins. Diminuer ces chances de destruction, faciliter aux oiseaux
leur retour vers leur pays natal, réglementer la chasse qui leur est
faite, tel est le but vers lequel, à mon avis, doivent tendre les efforts de tous les Gouvernements; mais, parce que sur ce point l'entente avec les différents États n'est pas encore réalisée, parce que
dans certaines contrées il se fait des massacres regrettables, est-ce
une raison pour qu'on suive les conseils de M. Eymard? En d'autres
termes, parce qu'on ne peut empêcher son voisin de détruire, faut-
il détruire soi-même? Je ne le crois pas. Il faut remarquer d'ailleurs que les oiseaux de *passage* ainsi sacrifiés ne sont pas,
comme M. Eymard semble le dire, des oiseaux errants, mais qu'ils
ont une patrie, dans laquelle ils reviennent nicher chaque printemps. Dans ces conditions, on peut se demander si les habitants
des pays du Midi, qui reçoivent en automne des bandes d'oiseaux
migrateurs, sont bien autorisés à détruire une foule d'espèces qui,
en réalité, appartiennent à la faune des régions boréales et sur le
retour desquelles les peuples du Nord sont en droit de compter?
Et pour ne considérer que le même pays, n'y aurait-il pas une
grande inconséquence à classer en automne comme *gibier* et à
chasser à ce titre les *mêmes oiseaux* dont au printemps on aurait
protégé les nids? Si l'on suivait cette méthode, il n'y aurait bientôt
plus de nids à protéger, car il n'y aurait plus d'oiseaux pour les
construire!

M. Eymard attribue avec raison une très large part dans la
diminution du nombre des oiseaux au défrichement des bois, à
l'extension de la culture, à la construction de nombreuses habitations; mais il nie complètement, à tort suivant moi, l'influence
de la chasse aux filets et autres engins. Regardant le petit gibier
« comme une manne céleste que la Providence nous envoie pour
que nous en fassions usage », il demande, dans le mémoire que
j'ai sous les yeux, et qui date de 1867, à la Société d'agriculture
de Lyon d'adresser à M. le Sénateur préfet du Rhône la demande
du rétablissement de la chasse au filet dans le département, sauf
à fixer dans quelles conditions et à quelles époques elle pourrait
se pratiquer.

Les propositions de M. Eymard ayant été renvoyées à une
commission dont M. E. Mulsant était le rapporteur, furent, j'ai

le regret de le dire, appuyées par cette commission, qui exprima le vœu suivant :

« 1° Faire exercer par les gardes champêtres une surveillance plus active pour empêcher la destruction des nids des oiseaux ;

« 2° Permettre, à dater du 1er septembre jusqu'au 1er mars de chaque année, la chasse aux oiseaux de passage, soit à l'aide de filets, soit à l'aide de tous autres engins ;

3° Assujettir cette chasse au filet à un permis, et n'en accorder l'exercice qu'aux possesseurs des champs sur lesquels elle peut avoir lieu, ou aux personnes auxquelles les propriétaires en auraient accordé le droit par écrit. »

Tout opposé fut le rapport que M. Froidefond fit à la Société d'agriculture de la Gironde le 4 juillet 1877 (*Sur l'utilité des petits oiseaux en agriculture*), rapport auquel j'ai déjà fait plusieurs emprunts. Après avoir insisté sur les services que nous rendent l'Alouette, le Pipit, la Linotte, les Bergeronnettes et d'autres espèces de Passereaux, dont il avait fait l'autopsie et qu'il avait reconnues pour franchement insectivores, M. Froidefond proposait les conclusions motivées qui suivent :

« Considérant que depuis bien des années les récoltes ont à souffrir des insectes en général et du phylloxéra en particulier, et qu'il est urgent de prendre les mesures qui paraîtront le plus utiles pour les détruire et même pour en éviter l'arrivée ; que, malgré les encouragements offerts, les recherches des observateurs, des savants et des institutions agricoles, aucun résultat n'a pu être encore obtenu, et qu'il est du devoir de tous de se mettre à l'œuvre ;

« Considérant que les légions de petits oiseaux qui traversent nos campagnes à certaines époques de l'année sont reconnues pour vivre plutôt d'insectes que de graines utiles à la nourriture de l'homme, et que, si elles en prennent quelquefois, le préjudice causé est loin d'être comparable aux services rendus ;

« Que, d'un autre côté, le passage de ceux qu'on chasse le plus ne s'effectue qu'au printemps, alors que les récoltes sont en herbe ;

« Considérant que les terrains occupés par les oiseleurs tiennent en jachère des terres qui pourraient produire et que ces industriels, par cette occupation de chasse, diminuent le nombre des bras utiles à la culture ;

« Considérant que les enfants, en détruisant les nids et en s'em-
parant des couvées, mettent souvent en péril leur existence, et
que, d'ailleurs, ces jeunes intelligences doivent être préparées à
la protection de tout ce qui souffre, afin de former de bonne heure
leur cœur et leur esprit au sentiment du bien;

« Pour ces motifs, votre section croit devoir vous proposer
d'émettre un vœu favorable pour la protection des petits oiseaux
et de leurs couvées, en prohibant la chasse d'une manière générale
sur toute l'étendue du territoire, sans exception de zone et sans
qu'il soit besoin de distinction d'espèces ou de variétés.

« La chasse au fusil pourrait seule être tolérée, sans préjudice
des dispositions législatives et administratives qui en règlent
l'époque. »

Ces conclusions mises aux voix, furent adoptées à l'unanimité,
et copie du rapport a dû être transmise à Messieurs les Ministres.

Quelques années auparavant, la cause des oiseaux insectivores
avait été déjà défendue d'une façon éloquente par M. Émile
Lefèvre dans la brochure intitulée *Tous les oiseaux sont utiles* (Paris,
1869, librairie agricole de *la Maison rustique*). Ému non seulement par un certain nombre de mesures récemment prises par
l'Association rémoise pour la répression du braconnage, mais encore par un vœu émis par le conseil général de la Meuse et réclamant énergiquement le rétablissement de la chasse aux petits oiseaux, M. Lefèvre énumérait les nombreux services rendus par les
Passereaux et répondait à ceux qui accusent les oiseaux de vivre
autant de fruits et de graines que d'insectes, en citant le passage
suivant, extrait d'un livre de son père : « Détruire l'être qui sur mille
graines qu'il sauve en prélève une serait la plus fatale des fautes
de calcul et le plus coupable des actes d'ingratitude. Cela équivaudrait à faire un crime au moissonneur de se nourrir de pain et de
demander au vin de la force et du cœur. »

Je pourrais citer encore plusieurs pétitions adressées à la
Chambre des députés et réclamant une protection plus efficace
des petits oiseaux, rappeler des vœux formulés à diverses reprises
par les conseils généraux, reproduire les doléances qui, cette année
encore, ont été exprimées par les sociétés d'agriculture; mais les
exemples que j'ai énumérés suffisent largement, je crois, pour
montrer le danger que fait courir à l'agriculture la destruction en

masse des insectivores, et le désir presque unanime de voir cesser un pareil état de choses.

LOI FRANÇAISE SUR LA CHASSE DU 3 MAI 1844.

Malheureusement peu d'efforts ont été faits jusqu'ici pour améliorer la situation qui s'aggrave tous les jours. Nous en sommes encore à la loi du 3 mai 1844, dont il n'est peut-être pas inutile de rappeler les dispositions suivantes :

« Art. 4. Dans chaque département, il est interdit de mettre en vente, de vendre, d'acheter, de transporter et de colporter du gibier pendant le temps où la chasse n'y est pas permise..... Il est interdit de prendre ou de détruire, sur le terrain d'autrui, des œufs et des couvées de Faisans, de Perdrix et de Cailles.

« Art. 9. Dans le temps où la chasse est ouverte, le permis donne à celui qui l'a obtenu le droit de chasser de jour, à tir et à courre sur ses propres terres, et sur les terres d'autrui avec le consentement de celui à qui le droit de chasse appartient.

« Tous les autres moyens de chasse, à l'exception des furets et bourses destinées à prendre le lapin, sont formellement prohibés. Néanmoins les préfets des départements, sur l'avis des conseils généraux, prendront des arrêtés pour déterminer :

« 1° L'époque de la chasse des oiseaux de passage autres que la Caille, et les modes et procédés de cette chasse;

« 2° Le temps pendant lequel il sera permis de chasser le gibier d'eau dans les marais, sur les étangs, fleuves et rivières;

« 3° Les espèces d'animaux malfaisants ou nuisibles que le propriétaire, possesseur ou fermier, pourra en tout temps détruire sur ses terres, et les conditions de l'exercice de ce droit, sans préjudice du droit appartenant au propriétaire ou fermier de repousser ou de détruire, même avec des armes à feu, les bêtes fauves qui porteraient dommage à ses propriétés.

« Ils pourront prendre également des arrêtés :

« 1° Pour prévenir la destruction des oiseaux;

« 2° Pour autoriser l'emploi des chiens lévriers pour la destruction des animaux malfaisants ou nuisibles;

« 3° Pour interdire la chasse pendant les temps de neige. »

Enfin dans la section II, consacrée aux peines, l'article 12 dit :
« Seront punis d'une amende de 5o à 200 francs et pourront
en outre l'être d'un emprisonnement de 6 jours à 2 mois :

« 1° Ceux qui auront chassé en temps prohibé;

« 2° Ceux qui auront chassé pendant la nuit ou à l'aide d'engins
et instruments prohibés, ou par d'autres moyens que ceux qui
sont autorisés par l'article 9;

« 3° Ceux qui seront détenteurs ou ceux qui seront trouvés
munis ou porteurs, hors de leur domicile, de filets, engins ou
autres instruments de chasse prohibés;

« 4° Ceux qui, en temps où la chasse est prohibée, auront mis
en vente, vendu, acheté, transporté ou colporté du gibier;

« 5° Ceux qui auront employé des drogues ou appâts qui sont de
nature à enivrer le gibier ou à le détruire;

« 6° Ceux qui auront chassé avec appeaux, appelants ou chan-
terelles, etc. »

Il suffit de mettre en regard ces différentes dispositions pour
reconnaître ce qu'elles ont de contradictoire.

Ainsi l'article 9 interdit l'emploi de tous engins de chasse
autres que le fusil, à l'exception du furet et des bourses, et un
peu plus loin il reconnaît aux préfets le droit de fixer le *mode* et
le *procédé* de capture des oiseaux de passage. Il semble donc que
d'autres engins de chasse que le fusil peuvent être employés,
avec l'autorisation du préfet, et cependant l'article 12 édicte des
peines contre ceux qui auront chassé avec des instruments et engins prohibés par l'article 9! Enfin l'article 9, en vertu duquel
les préfets peuvent, sur l'avis des conseils généraux, autoriser la
destruction des oiseaux de passage, met sous la protection de ces
magistrats les oiseaux en général, et par suite les oiseaux de
passage.

Ce défaut de clarté de la loi a naturellement donné lieu à des
abus qu'une circulaire de la Direction générale de la sûreté
publique au Ministère de l'intérieur, en date du 8 juillet 1861, a
vainement cherché à faire disparaître, en traçant aux préfets les
limites de leurs attributions relativement à la chasse des oiseaux
de passage.

PROJETS DIVERS DE NOUVELLES LOIS SUR LA CHASSE.

A la fin de l'année 1874, fut soumis aux délibérations de l'Assemblée nationale un projet de loi qui apportait certaines modifications à la loi de 1844, surtout au point de vue de la conservation des oiseaux insectivores; mais les trois premiers articles seuls furent votés, et, à propos de l'article 4, le renvoi du projet entier à la Commission fut demandé par M. le Ministre de l'agriculture.

Vers la même époque, le 6 février 1875, la Société protectrice des animaux, à la suite d'un rapport de M. Millet, adopta les résolutions suivantes :

« I. Un règlement d'administration publique déterminera les espèces d'oiseaux dont la chasse est interdite en tout temps, les espèces d'oiseaux de passage dont la chasse pourra être autorisée dans les marais, sur les lacs, les étangs, les canaux et les cours d'eau ainsi que l'époque de cette chasse, les espèces d'oiseaux réputés animaux malfaisants ou nuisibles et les conditions de leur destruction. La chasse des oiseaux n'aura lieu qu'au fusil. Tous autres moyens de chasse, tels que filets, lacets, gluaux, engins de toutes sortes, seront formellement prohibés.

« II. Seront interdits la possession, la mise en vente, la vente, l'achat, le transport, le colportage, l'exportation et l'importation, soit des oiseaux dont la chasse ne serait pas autorisée, soit de leurs nids, de leurs œufs ou de leurs couvées; seront exceptés les oiseaux malfaisants ou nuisibles.

« III. Seront également interdits la fabrication, la mise en vente, l'achat, le transport, le colportage, la possession de filets, pièges, engins et appeaux quelconques pouvant servir à la capture des oiseaux.

« IV. Sera interdite en temps de neige la chasse des oiseaux, à l'exception du gibier d'eau et des espèces malfaisantes ou nuisibles.

« V. La recherche des oiseaux, de leurs nids et de leurs œufs, celle de filets, pièges, engins et appeaux pourra être faite à domicile chez les braconniers de profession, les oiseliers, les fabricants d'ustensiles de chasse, et, en général, dans les lieux ouverts au public.

« VI. L'administration pourra donner, exceptionnellement et temporairement, l'autorisation de chasser et de transporter des oiseaux, de chasser et de transporter des nids et des œufs d'oiseaux qui seraient destinés à des études ou à des collections d'histoire naturelle, à des repeuplements ou à des essais d'acclimatation. Ces autorisations seront personnelles et détermineront les conditions dans lesquelles elles pourront s'exercer.

« VII. Des encouragements seront donnés, soit pour prévenir la destruction des oiseaux utiles, soit pour favoriser leur propagation. A cet égard l'administration recommandera l'emploi de *nichoirs* artificiels.

« VIII. Le Gouvernement français fera auprès des Gouvernements limitrophes les diligences nécessaires pour que les dispositions qui seront adoptées en France contre la destruction des oiseaux utiles à l'agriculture soient mises en vigueur dans les différents États et constituent ainsi un code de *protection internationale.*

« IX. Le Gouvernement prendra, d'ailleurs, les mesures nécessaires pour que les arrêtés des préfets concernant les oiseaux soient, cette année même et sans attendre une loi nouvelle, revisés de manière à favoriser le conservation et la propagation des espèces utiles à l'agriculture. »

Un contre-projet, conforme dans ses points principaux aux résolutions ci-dessus mentionnées, fut soumis à la Commission de l'Assemblée nationale, mais, par suite de diverses circonstances, ne put être discuté et fut renvoyé au Conseil d'État, qui le retourna profondément modifié. Enfin MM. de la Sicotière, Grivart et le comte de Bouillé reprirent, avec quelques légers changements, le projet primitif du Gouvernement. La commission se trouva ainsi en présence de trois rédactions ; après les avoir étudiées et comparées, elle arriva à les fondre en un projet définitif au sujet duquel M. de la Sicotière présenta au Sénat, en 1877, un Rapport considérable qui m'a fourni de nombreux renseignements. Malheureusement ce nouveau projet eut le même sort que ses devanciers. Il contenait cependant d'excellentes dispositions et, par la précision et la clarté des articles, par l'attention accordée aux espèces utiles et notamment aux oiseaux insectivores, il eût mérité d'être substitué à la loi de 1844. Son titre II renfermait les articles suivants :

« ART. 5. La destruction, par quelque moyen que ce soit, la chasse, la vente, la mise en vente, le transport et le colportage des oiseaux utiles à l'agriculture sont interdits en tous temps. Un décret du Président de la République détermine, par circonscriptions et après l'avis des conseils généraux, la liste des oiseaux auxquels s'applique cette disposition.

« ART. 6. La chasse aux filets, lacets ou autres engins ou appâts, des oiseaux utiles est interdite.

« Elle ne peut jamais être pratiquée en temps de neige.

« ART. 7. L'enlèvement ou la destruction des nids, œufs et couvées des oiseaux auxquels s'applique l'article 5, ainsi que l'exposition, la vente ou le colportage de ces œufs et couvées, sont interdits.

« ART. 8. Le Ministre de l'agriculture peut, dans un intérêt scientifique ou pour le repeuplement, autoriser en tout temps soit la chasse ou le transport des oiseaux auxquels s'applique l'article 5, soit l'enlèvement et le transport de leurs nids et couvées; les autorisations sont personnelles et déterminent les conditions dans lesquelles on pourra en user.

« ART. 9. Sont interdits l'usage, la possession, le transport, la vente ou la mise en vente de filets, pièges, appeaux, engins et appâts pouvant servir à la capture ou à la destruction des oiseaux utiles.

« La recherche de ces objets, ainsi que celle des oiseaux, nids et œufs ou couvées, dont la destruction n'est pas permise, peut s'effectuer à domicile chez les fabricants ou marchands de filets ou pièges, les marchands de comestibles, les restaurateurs, hôteliers ou aubergistes. »

Sous le titre III (*Pénalités et poursuites*), l'article 11 punissait d'amendes de 50 à 200 francs, et même, en outre, d'un emprisonnement de six jours à deux mois, celui qui se serait servi d'engins prohibés pour chasser les oiseaux utiles ou qui aurait été trouvé détenteur de ces objets, tandis qu'elle punissait seulement d'une amende de 6 à 10 francs l'emploi du fusil pour la destruction d'oiseaux utiles, le dénichage des oiseaux, l'exposition, la vente, le colportage de leurs œufs et couvées.

En vertu de l'article 12, tout jugement de condamnation devait prononcer la confiscation des armes et instruments de chasse et ordonner la destruction des engins prohibés; les oiseaux, nids et œufs devaient être saisis, les oiseaux vivants être mis immédiatement en liberté et les oiseaux morts envoyés à l'Administration des hospices ou au bureau de bienfaisance de la localité.

Enfin sous le titre IV (*Dispositions générales*), l'article 14 stipulait que le Ministre de l'agriculture et du commerce recueillerait les documents relatifs à l'insectologie de la France, aux moyens de détruire les insectes nuisibles à l'agriculture et de préserver les oiseaux utiles, et que les documents seraient publiés et communiqués chaque année aux préfets et aux conseils généraux.

Tels étaient, pour ce qui concerne les oiseaux, les articles principaux de ce projet de loi. L'article 5 introduisait deux principes nouveaux dans notre législation, savoir la reconnaissance d'un groupe d'oiseaux utiles à l'agriculture et l'interdiction d'y porter atteinte, *en quelque saison que ce fût*. Il constituait donc un très grand progrès par rapport à l'article 9 de la loi de 1844, autorisant tacitement la destruction de toute espèce d'oiseaux pendant la période de chasse. Le seul reproche que l'on pût lui adresser, c'était de ne pas définir exactement ce qu'il fallait entendre par *oiseaux utiles*. Il n'y avait pas là cependant un oubli de la part des auteurs du projet: car, dans leur pensée, ainsi qu'on peut le voir dans le *Rapport* de M. de la Sicotière, si le groupe des oiseaux utiles n'était pas strictement délimité, c'était précisément pour qu'on pût au besoin admettre dans ce groupe de nouvelles espèces dont les services auraient été constatés ou en distraire d'autres espèces dont la multiplication exagérée dans telle ou telle contrée serait devenue préjudiciable à l'agriculture. Les conseils généraux et les préfets, qui connaissent les intérêts de leurs départements respectifs, devaient à cet égard être consultés, ainsi que les sociétés agricoles, et, à l'aide de ces éléments, le Ministre de l'agriculture devait préparer des listes d'oiseaux utiles et d'oiseaux nuisibles qui seraient définitivement arrêtées par un décret du Président de la République. Dans une troisième catégorie les auteurs du projet proposaient de ranger les oiseaux, assez nombreux, qui ne sont à proprement parler ni utiles ni nuisibles à l'agriculture et qui pourraient être chassés, comme par le passé, avec le reste du gibier, aux époques, avec les restrictions et sous les conditions déterminées par la loi sur la chasse de 1844.

Enfin ces listes devaient être dressées par zones ou groupes de départements et non par départements, comme le demandait la minorité de la commission, ou sur un type unique et uniforme pour toute l'étendue de la France, comme le portait le projet du Conseil d'État. Il avait en effet paru préférable de laisser au Gouvernement une certaine latitude. Cependant M. de la Sicotière ne se dissimulait pas que les listes ainsi dressées rencontreraient fatalement des contradicteurs, qu'on les trouverait trop longues et que l'on contesterait l'utilité de quelques-unes au moins des espèces qu'elles comprendraient. Et en effet, c'était là, à mon avis, un des inconvénients du projet. Les espèces qui séjournent dans notre pays ou qui le traversent dans leurs migrations sont au nombre de plusieurs centaines, et, dans ce chiffre, les espèces utiles ou indifférentes entrent certainement pour les trois quarts, si ce n'est pour les cinq sixièmes. Dans ces conditions n'est-il pas plus simple de dresser deux listes seulement comprenant, l'une les *oiseaux nuisibles*, l'autre les *oiseaux gibier*, et de déclarer que tous les oiseaux qui ne sont pas compris dans l'une ou l'autre de ces listes sont considérés *en bloc* comme utiles, qu'ils sont comme tels placés en toute saison sous la sauvegarde des lois, et qu'ils ne pourront être rangés *temporairement* dans la catégorie des *oiseaux nuisibles* ou *indifférents* qu'après une enquête minutieuse? C'est évidemment dans cet esprit qu'avaient été dressées en 1861, sur les indications des professeurs du Muséum d'histoire naturelle, deux listes qui furent envoyées aux préfets et qui comprenaient l'une (A) les espèces franchement nuisibles, pouvant être prises et détruites en tout temps, et l'autre (B) les espèces nuisibles, dont la chasse pourrait être interdite selon les nécessités locales. Voici ces deux listes, que j'emprunte à M. de la Sicotière, en rangeant les espèces d'une façon méthodique :

A.

1. Faucon commun ou pèlerin.	4. Aigle criard.
2. Faucon émerillon.	5. Aigle botté.
3. Aigle fauve.	6. Aigle Bonelli.

<table>
<tr><td>7. Pygargue ordinaire.</td><td>16. Balbuzard fluviatile.</td></tr>
<tr><td>8. Circaète Jean-le-Blanc.</td><td>17. Catharte alimoche.</td></tr>
<tr><td>9. Buse vulgaire.</td><td>18. Vautour moine ou arrian.</td></tr>
<tr><td>10. Buse pattue.</td><td>19. Vautour fauve ou griffon.</td></tr>
<tr><td>11. Autour vulgaire.</td><td>20. Grand Duc.</td></tr>
<tr><td>12. Épervier vulgaire.</td><td>21. Grand Corbeau.</td></tr>
<tr><td>13. Milan royal.</td><td>22. Pigeon ramier.</td></tr>
<tr><td>14. Milan noir.</td><td>23. Pigeon colombin.</td></tr>
<tr><td>15. Gypaète barbu.</td><td>24. Pigeon biset.</td></tr>
</table>

B.

<table>
<tr><td>1. Corbeau choucas.</td><td>5. Pie ordinaire.</td></tr>
<tr><td>2. Corneille noire.</td><td>6. Geai glandivore.</td></tr>
<tr><td>3. Corneille mantelée.</td><td>7. Pie-grièche.</td></tr>
<tr><td>4. Corbeau freux.</td><td>8. Tourterelle.</td></tr>
</table>

Ces listes pourraient être encore utilisées, surtout si on les modifiait légèrement, en transportant de la première à la seconde le Pigeon ramier, qui est déjà protégé dans nos jardins publics, le Pigeon colombin, qui est beaucoup moins répandu et par conséquent moins nuisible qu'autrefois, le Pigeon biset, qu'il y aurait sans doute intérêt à ne pas détruire complètement. Il y aurait aussi quelques réserves à faire au sujet des Buses, qui se nourrissent, comme je l'ai dit, non seulement de Passereaux et de petit gibier, mais encore et surtout de petits Rongeurs, au sujet du Choucas et du Freux, que beaucoup d'auteurs et même d'agriculteurs considèrent comme franchement utiles, enfin au sujet de la Pie-grièche que M. Lescuyer range au nombre des oiseaux essentiellement insectivores, quoiqu'elle s'attaque parfois aux petits oiseaux.

Ces divers oiseaux, Buses, Corbeaux, Freux, Choucas et Pies-grièches sont d'ailleurs compris dans les listes d'oiseaux utiles adoptées par les Gouvernements d'autres pays; car, je dois le reconnaître, il y a un certain nombre de pays où, suivant le système proposé par M. de la Sicotière, il a été dressé des listes d'oiseaux dont la capture est absolument interdite. C'est ce qui a été fait notamment en Prusse (ordonnance rendue en vertu de la loi du 11 mars 1856), et en Bavière (ordonnance royale du 4 juin 1866). Un catalogue d'oiseaux utiles pouvant être compris dans un règlement de protection internationale a été rédigé également par le Congrès des agriculteurs et forestiers allemands le 24 décembre

1866, et se trouve mentionné dans le *Rapport* de M. de la Sicotière. Quoique plus compliqué que les listes dressées sur les indications des professeurs du Muséum, ce catalogue ne renferme pas cependant quelques espèces dignes d'intérêt, telles que la Chouette effraie et l'Engoulevent. En revanche on y voit figurer le Vanneau, qui est généralement considéré comme gibier, mais dont les nids et les couvées méritent en effet d'être sauvegardés, et quelques oiseaux de mer, Goélands et Labbes ou Stercoraires, que nos lois françaises ont toujours laissés sans défense.

Dans une brochure intitulée *Les oiseaux de mer, leur utilité au point de vue de la navigation et de la pêche* (Nantes, 1875) et dans une pétition adressée au Sénat, le 22 février 1877, un conducteur des ponts et chaussées, demeurant à Belle-Isle-en-Mer, M. Gouëzel, avait cependant déjà insisté sur les services que peuvent rendre les oiseaux pélagiens, dont les mérites avaient été signalés précédemment par l'abbé Vincelot (*Les noms des oiseaux*, etc.) et par Toussenel, le spirituel auteur du *Monde des oiseaux*. « Il est incontestable en effet, dit M. de la Sicotière dans son *Rapport*, que par leur vol et leur cri, ils (les oiseaux de mer) annoncent au marin non seulement l'approche de la terre ou de la tempête, mais la présence de certains poissons, le voisinage des bas-fonds et des écueils que le balisage serait impuissant à signaler en temps de brume et sur lesquels la végétation sous-marine appelle et nourrit une foule de petits poissons et coquillages qui servent eux-mêmes de nourriture à ces oiseaux. Ils assainissent aussi les rivages, en dévorant les débris de poissons qu'y rejette la vague et qu'un séjour prolongé pourrait transformer en foyers d'infection. Ils sont les *balayeurs des grèves*. Peut-être même certaines espèces pourraient-elles être dressées à la pêche dans notre pays, comme elles le sont dans d'autres contrées. »

Les oiseaux de mer, s'ils prélèvent sur les poissons de nos côtes un impôt qui ne peut jamais être bien lourd, nous rendent donc des ervices analogues à ceux que rendent les Vautours aux peuples orientaux, les Cathartes et les Urubus aux peuples de l'Amérique tropicale. Aussi ne saurait-on trop approuver la loi du 24 juin 1864 qui est destinée à assurer en Grande-Bretagne la conservation de ces oiseaux. Cette loi est applicable, non seulement aux Goélands et aux Stercoraires, mais encore aux Mouettes, aux Sternes, aux Hirondelles de mer, aux Noddis, aux Pétrels, aux Puffins, aux Fous, aux Cormorans, aux Pingouins, aux Macareux, aux Stariques-perroquets, aux Guillemots, aux Plongeons, aux Grèbes, aux Harles, aux Macreuses, aux Canards-eiders et même à des espèces (Tadorne, Huîtrier-pie, Pluvier, Corbeau choucas) qui ne rentrent pas dans la catégorie des véritables oiseaux de mer, mais qui fréquentent les plages et se nourrissent d'animaux marins et de débris rejetés par les flots. D'après cette loi toute personne qui tuera, blessera ou tentera de tuer, de blesser ou de prendre quelque oiseau de mer, ou se servira de barque, de fusil, de filets ou d'autres engins ou instruments dans le dessein de tuer, de blesser ou de prendre quelque oiseau de mer, ou qui aura en sa possession quelque oiseau de mer récemment tué, blessé ou pris entre le 1er avril et le 1er août de chaque année, sera punie d'une amende qui n'excédera pas une livre (25 francs) pour chaque oiseau tué, blessé, pris ou trouvé en sa garde ou possession.

Il paraît cependant que ces dispositions (et je ne m'explique pas pourquoi) ne concernent pas les oiseaux de mer jeunes et incapables de voler.

LÉGISLATION ÉTRANGÈRE.

Depuis le 10 août 1872, il existe également en Grande-Bretagne une loi pour la protection, entre le 15 mars et le 1er août, d'un certain nombre d'oiseaux sauvages. Et sous ce titre d'oiseaux sauvages, une liste annexée à ladite loi mentionne, outre les Rapaces nocturnes, Grimpeurs, Syndactyles et Passereaux, déjà portés sur les listes allemandes, un grand nombre d'autres espèces de Passereaux, de Gallinacés, d'Échassiers et de Palmipèdes. On y trouve notamment le Casse-noix, le Bec-croisé, la Caille, le Ganga des sables, les Lagopèdes, l'OEdicnème, les Pluviers, la Bécasse, la Bécassine, les Bécasseaux, le Sanderling, les Chevaliers, les Guignettes, les Phalaropes, le Tourne-pierre, les Combattants, les Vanneaux, les Échasses, les Avocettes, les Barges, les Courlis, les Spatules, le Butor, les Foulques, les Poules d'eau, le Râle de genêt, les Fuligules, les Macreuses, les Canards, les Sarcelles et les Cygnes.

En Bohême, une ordonnance, en date du 28 décembre 1859, rappelant les dispositions d'ordonnances antérieures, interdit, sous peine d'amende, la destruction, la capture et la vente des oiseaux

5.

insectivores, de leurs nids, œufs et couvées, et, en Autriche, la loi
du 10 décembre 1868 subdivise les oiseaux en diverses catégories dont la première comprend les oiseaux réputés nuisibles, savoir les Faucons (à l'exception du Hobereau et de la Cresserelle),
les Aigles, l'Autour, les Milans, le Grand Duc, la Pie-grièche
grise, le Grand corbeau, la Corneille noire, la Corneille mantelée
et la Pie. Toutes les espèces qui ne sont pas comprises dans cette
catégorie sont placées sous la sauvegarde de la loi, au moins à une
certaine époque de l'année, et il est, en tout cas, interdit de prendre
et de détruire leurs œufs et leurs nids. Ces oiseaux ainsi protégés
se répartissent à leur tour en deux classes. La première (A) renferme les Faucons hobereau et cresserelle, l'Archibuse pattue,
la Buse bondrée, les Chouettes, les Pies, le Torcol, le Coucou, le
Rollier, l'Engoulevent, le Martinet, les Hirondelles, les Gobe-
mouches, les Huppes, les Grimpereaux, la Sittelle, les Mésanges,
le Troglodyte, les Roitelets, les Pouillots, les Fauvettes proprement dites et les Fauvettes aquatiques, le Rouge-gorge, la Gorge-
bleue, le Rouge-queue, le Rossignol, les Merles, les Traquets,
les Bergeronnettes, les Alouettes, le Loriot, le Pinson ordinaire,
l'Étourneau, le Corbeau choucas, le Freux et le Geai. La seconde
(B) se compose des Grives, des Pies-grièches (à l'exception de la
Pie-grièche grise), du Pinson des Ardennes, du Bruant, des Bouvreuils, des Linottes et du Cabaret, du Chardonneret et du Tarin,
du Verdier, du Bec-croisé, du Gros-bec vulgaire, des Moineaux
et d'autres Fringilles.

Du 1ᵉʳ septembre au 31 janvier la capture des oiseaux de la
catégorie (A), qui rendent des services à l'agriculture, ne pourra
avoir lieu que lorsque leur nombre paraîtra excessif et avec la
permission non seulement du propriétaire du fonds, mais encore
de l'autorité. Le commerce desdits oiseaux est interdit en tout
temps.

Au contraire, la capture des oiseaux compris dans la catégorie
(B), et considérés comme moins utiles, pourra avoir lieu durant la
même période, du 1ᵉʳ septembre au 31 janvier, en vertu de la
seule autorisation du propriétaire du fonds.

Dans le texte de cette loi, tel qu'il nous est donné par le *Rapport* de M. de la Sicotière, il n'est pas fait mention du gibier, qui
est l'objet de règlements spéciaux, et dans lequel on fait probablement rentrer un certain nombre d'Échassiers et de Palmipèdes

que d'autres pays ont résolu de protéger. Ainsi, la législation autrichienne admet quatre catégories d'oiseaux : 1° oiseaux nuisibles; 2° oiseaux utiles au premier degré; 3° oiseaux utiles au deuxième degré; 4° gibier; ce qui, dans la pratique, ne laisse pas d'être compliqué.

Aussi l'Union ornithologique de Vienne, ayant été consultée par M. le Ministre de l'agriculture de l'empire d'Autriche-Hongrie sur des réformes qu'il y aurait lieu d'introduire dans la loi de 1868, proposa diverses modifications destinées à rendre les règlements plus clairs, plus simples et plus facilement applicables. Le but et la portée de ces modifications sont parfaitement définis dans un Rapport adressé au Ministre par MM. de Pelzeln et d'Enderes, président et secrétaire de l'Union ornithologique en 1877.

« Nous croyons, disent les honorables rapporteurs, que les dispositions d'une loi de protection des oiseaux doivent être d'autant plus claires et plus simples qu'une loi de ce genre intéresse principalement les gens des campagnes et la portion la moins instruite de la population des villes. Pour des raisons analogues il faut que l'interprétation et l'application de la loi n'exigent que des connaissances ornithologiques très restreintes; nous avons donc renoncé à établir différentes listes comprenant, l'une les oiseaux qu'il est absolument défendu de capturer, l'autre ceux qu'il est permis de prendre à certaines époques ou dans certaines conditions, et nous nous sommes bornés à indiquer les espèces, en petit nombre, dont on peut autoriser, sans restrictions, la capture et la destruction, parce qu'ils doivent être considérés comme décidément nuisibles. De ces oiseaux, en effet, les uns, comme certains Rapaces, s'attaquent directement à nos animaux domestiques et notamment à nos oiseaux de basse-cour, et les autres, beaucoup plus nombreux, mettent à mort une foule d'oiseaux utiles en détruisant leurs couvées. »

L'opinion ci-dessus exprimée concorde parfaitement avec celle que j'énonçais tout à l'heure relativement aux inconvénients que présenterait l'établissement de trois ou quatre catégories d'oiseaux dans une loi sur la chasse.

« Une semblable loi, disent encore MM. de Pelzeln et d'Enderes, doit avoir pour but principal d'empêcher qu'on ne détruise les oiseaux par pure méchanceté ou qu'on ne les capture *en masse* à cause de la valeur qu'ils peuvent avoir après leur mort, soit comme gibier, soit comme objet de parure. Mais nous ne pensons pas que la possession d'oiseaux de volière, sauf dans quelques cas isolés, fasse courir le moindre danger à l'ensemble de notre faune ornithologique; car le nombre des individus pris vivants et tenus en captivité est et restera toujours insignifiant par rapport au nombre des individus laissés en liberté.

« Au contraire nous croyons que l'élevage des oiseaux de volière, en se répandant de plus en plus, contribuera à la protection des oiseaux sauvages. En effet l'amateur qui s'occupe de certaines espèces, qui les soigne lui-même, qui les observe à chaque instant ne pourra manquer de s'intéresser à l'ensemble du monde des oiseaux; les gens de sa maison, et principalement les enfants, partageront ses goûts, et tout le monde, en voyant avec quelle rapidité les oiseaux captifs engloutissent les insectes qu'on leur présente, admettra volontiers que les oiseaux, à peu d'exceptions près, nous rendent des services comme insectivores.

« En outre, comme des observations précises ont montré qu'il y a parmi les oiseaux sauvages plus de mâles que de femelles, et que c'est surtout les mâles que l'on capture, la propagation ne peut être sérieusement entravée par les oiseleurs.

« Il ne faut donc point soumettre les oiseleurs aux règlements d'une loi protectrice des oiseaux, il ne faut pas même rendre leur métier trop difficile, mais il faut se borner, par certaines prescriptions (et par exemple en fixant les époques de capture), à les maintenir dans des limites justes et raisonnables.

« Enfin il n'y aurait aucune raison d'imposer aux personnes qui s'occupent de recherches scientifiques l'obligation de se restreindre à certaines espèces et de ne chasser que des espèces déterminées, car les hommes de science n'ont besoin pour leurs études que d'un petit nombre de sujets et par suite ils ne peuvent causer à notre faune ornithologique un préjudice appréciable. »

Les réformes au sujet desquelles l'Union ornithologique de Vienne avait été consultée devaient, suivant les premières intentions du Ministre de l'agriculture, ne s'appliquer qu'à l'Autriche proprement dite; mais les auteurs du Rapport ont fait observer avec raison que, pour rendre les réformes vraiment efficaces, il serait nécessaire de leur donner plus d'extension, et surtout de faire concorder les lois de chasse actuellement en vigueur dans les différentes contrées de l'empire austro-hongrois.

En conséquence, MM. de Pelzeln et d'Enderes soumirent à l'examen du Ministre un projet de loi qu'il serait trop long de reproduire ici et dont les premiers articles établissaient la défense absolue de prendre, de tuer ou de vendre les adultes, d'enlever les jeunes et les œufs ou de détruire les nids de quelque espèce d'oiseau que ce fût, à l'exception de celles qui rentraient dans une des trois catégories suivantes :

A. Les oiseaux domestiques ;

B. Le gibier à plume, comprenant toutes les espèces sauvages qui appartenaient aux groupes des Pigeons, des Gallinacés, des Oiseaux d'eau ou de marais, et dont l'enlèvement, la capture et le commerce étaient déjà soumis aux règlements de la police de la chasse ;

C. Les espèces suivantes :

1. Le Gypaète ou Lämmergeier (*Gypaetus barbatus* L.).
2. Tous les Aigles (*Aquilæ*).
3. Le Faucon pèlerin (*Falco peregrinus* L.).
4. Le Faucon lanier (*Falco laniarius* L.).
5. Le Hobereau (*F. subbuteo* L.).
6. Le Milan royal (*Milvus regalis* Briss.).
7. Le Milan noir (*Milvus ater* Briss.).
8. L'Autour (*Astur palumbarius* L.).
9. L'Épervier (*Astur nisus* L.).
10. Les Busards (*Circi*).
11. Le Grand Duc (*Bubo maximus* Ranz.).
12. La Pie-grièche grise (*Lanius excubitor* L.).
13. La Pie-grièche d'Italie (*L. minor* Gm.).
14. La Pie (*Pica caudata* L.).
15. Le Grand Corbeau (*Corvus corax* L.).
16. La Corneille (*Corvus corone* L.).
17. La Corneille mantelée (*Corvus cornix* L.).
18. Le Geai (*Garrulus glandarius* L.).

En vertu de l'article 7 du même projet, les professeurs et les instituteurs devaient être requis par leurs supérieurs hiérarchiques et par les magistrats des communes d'avoir à enseigner aux enfants les inconvénients qui résultent, pour l'intérêt général, de la destruction des nids, et de montrer à leurs élèves les conséquences que pourraient avoir pour eux le manquement aux règlements établis. Les autorités municipales étaient également invitées à tenir la main à ce qu'un modèle de nid artificiel (littéralement boîte à nicher, *Nistkätschen*) figurât constamment dans la collection d'objets destinés à l'enseignement de chaque école.

Par l'article 8, les propriétaires étaient obligés de souffrir l'établissement, dans la partie non close de leurs propriétés, de nids artificiels installés par les soins de la commune.

L'article 9 concédait aux autorités politiques le droit d'autoriser certaines personnes à capturer, sur le territoire de la commune du district où ces personnes auraient leur résidence, des oiseaux *vivants* et à en faire commerce. Toutefois il était bien stipulé que des autorisations de ce genre ne seraient accordées que dans certaines conditions et après une enquête favorable, et qu'elles ne seraient valables que du 1er mars ou du 15 février au 1er juillet.

Enfin des dérogations à la loi protectrice des oiseaux pouvaient être également autorisées dans un but scientifique.

Je n'ai pas à discuter ici les avantages ou les inconvénients de ce projet ; je dirai seulement que, si quelques-unes de ces dispositions seraient peut-être en France d'une application difficile, d'autres au contraire pourraient être utilement introduites dans notre législature. Tel est par exemple le droit concédé à l'autorité supérieure de permettre, sous certaines réserves, aux hommes de science de se procurer en toute saison les *oiseaux destinés à leurs études ou à des collections publiques*. Il y a quelques années déjà, M. Olphe-Gaillard a demandé (*Revue et Mag. de zoologie*, 1875, p. 22) que le naturaliste collectionneur ne fût pas plus longtemps confondu avec le braconnier, et, comme j'aurai sans doute l'occasion de le rappeler, plusieurs membres du Congrès de Vienne ont aussi présenté à cet égard de pressantes réclamations.

Il est certain, en effet, que dans plusieurs contrées où des milliers d'oiseaux sont pris clandestinement et livrés ostensiblement à la consommation, les directeurs de musées ont beaucoup de peine à se procurer des spécimens destinés à représenter dans leurs galeries la faune indigène. En France, par exemple, les personnes attachées au Muséum d'histoire naturelle sont actuellement privées du droit de chasser en toutes saisons dans certaines parties des forêts de l'État, droit qui leur avait été accordé précédemment. Il en résulte qu'il est impossible de faire figurer dans

les collections publiques des Passereaux indigènes en plumage de
noces ou de remplacer les nids et les œufs détériorés par le temps.

Il serait d'autre part extrêmement désirable que les agriculteurs
se décidassent à suivre le conseil qui leur est donné par M. Barbier-Montault (*L'Acclimatation*, 1877, p. 465 et *Bulletin de la Société d'agriculture de Poitiers*) et à placer eux-mêmes des nids artificiels dans leurs propriétes; il faudrait même, comme le proposent
les membres de l'Union ornithologique de Vienne, que les communes
fussent autorisées par la loi à faire disposer à leurs frais de semblables abris sur les terres des propriétaires qui ne voudraient ou
ne pourraient supporter cette légère dépense; mais en attendant
n'y aurait-il pas lieu de donner plus d'extension à l'essai commencé au bois de Vincennes, en accrochant aussi des nids artificiels aux arbres du bois de Boulogne, des Champs-Élysées, du
Luxembourg, des Tuileries, des Buttes-Chaumont, des squares
municipaux, ou même aux arbres des grandes forêts domaniales?

NIDS ARTIFICIELS.

Pour la construction et la disposition des nids, on pourrait utilement s'inspirer des modèles adoptés à l'étranger, et principalement en Allemagne et en Autriche; car il importe de ne pas perdre
de vue que le nid doit être placé à une certaine hauteur, qu'il
doit offrir à l'oiseau un aspect *rassurant*, qu'il doit être assez solide
pour résister aux intempéries et assez confortable pour mettre la
mère et les jeunes à l'abri de la pluie et du vent. Ces diverses conditions ont été longuement examinées par les membres de la Société
ornithologique de Berlin, lorsqu'il a été question, il y a quelques
années, d'établir des nids artificiels dans les jardins publics de
la capitale de l'Allemagne. Des naturalistes sérieux ont discuté tour
à tour les avantages et les inconvénients des modèles qui leur
étaient soumis par un fabricant nommé M. Schmidt, et qui con-
sistaient en des billes de bois de bouleau ou de sapin, excavées
et couvertes d'un toit incliné, et quelques modifications ont été
proposées afin de garantir plus efficacement les oiseaux contre le
froid, l'humidité ou la lumière trop vive. En un mot on n'a laissé
de côté aucun de ces petits détails que l'on est trop souvent disposé à négliger et dont l'omission peut faire échouer les plus
louables tentatives.

Rien ne serait plus facile aussi que de pratiquer dans les murs des propriétés privées ou des jardins publics, en dehors des allées fréquentées, des excavations analogues à celles qu'un ornithologiste distingué, M. Vian, a fait creuser dans les murs de sa propriété de Bellevue, près Paris, afin de fournir des abris aux couvées de Rouges-queues, Rossignols de muraille et autres Insectivores.

Enfin, quand l'administration aurait fait choix d'un ou de plusieurs modèles de nids artificiels, des spécimens pourraient être envoyés dans toutes les écoles communales, et les maîtres, suivant le désir exprimé par MM. de Pelzeln et d'Enderes, expliqueraient à leurs élèves l'utilité de ces petites constructions. Je sais du reste, Monsieur le Ministre, que depuis longtemps les personnes chargées dans notre pays de la haute direction de l'enseignement ont reconnu la nécessité d'introduire dans les programmes des notions sur la faune indigène et en particulier sur les espèces utiles et nuisibles. Je n'ignore pas non plus que plusieurs de vos honorables prédécesseurs ont signalé aux inspecteurs d'académie la nécessité d'employer tout leur zèle à arrêter la destruction des petits oiseaux; enfin je trouve dans le *Bulletin administratif* de votre département (n° 380, 20 avril 1876) une circulaire adressée aux préfets par M. Waddington et contenant les passages suivants :

CIRCULAIRE MINISTÉRIELLE.

« Il faut que les instituteurs fassent comprendre aux enfants qu'ils nuisent aux intérêts mêmes de leurs familles en détruisant les nids et qu'en agissant ainsi ils se montrent aussi imprévoyants qu'ingrats. On devra en même temps leur rappeler qu'ils s'exposent à des peines sévères. La loi du 22 janvier 1874, qui complète en la modifiant celle du 3 mai 1844 sur la police de la chasse, donne en effet aux préfets les pouvoirs nécessaires pour prévenir la destruction des oiseaux et favoriser leur multiplication. Des arrêtés préfectoraux ont été pris à cet effet, et les personnes qui contreviennent aux dispositions sont passibles d'une amende qui varie de 16 à 100 francs.

« Les instituteurs devront aussi, à l'occasion, rappeler aux pères de famille que, s'ils se font à eux-mêmes un tort considérable en laissant détruire les nids, ils sont responsables des délits que leurs enfants mineurs pourraient commettre en l'espèce.

« J'ajouterai que, dans quelques communes que je pourrais citer, des instituteurs ont eu l'heureuse pensée d'organiser parmi leurs élèves des sociétés protectrices des animaux utiles. Ces sociétés ont rendu de grands services, et je verrais avec plaisir leur nombre s'augmenter. »

Si ces prescriptions étaient strictement observées, quelques-uns des *desiderata* mentionnés dans le projet de l'*Union ornithologique* recevraient satisfaction dans notre pays. Mais que d'autres réformes il y aurait à accomplir encore non seulement en France, mais dans les pays limitrophes ! En Belgique, par exemple, le règlement mis en vigueur en vertu de l'arrêté royal du 21 avril 1873 interdit en tout temps, et par quelque procédé que ce soit, la capture ou la destruction des oiseaux classés comme insectivores et ne permet de dérogations à ces prescriptions que dans un but scientifique ou pour des motifs d'utilité publique; mais le même règlement ne défend que *pendant la saison où la chasse de la Perdrix n'est pas permise* la destruction ou la capture des autres oiseaux sauvages, à l'exception des Oiseaux de proie diurnes, du Grand Duc, du Geai, de la Pie, du Corbeau, du Pigeon ramier. Par conséquent en vertu de cette loi, plus sévère pourtant que la nôtre, il est encore permis à certaines époques de l'année de prendre un assez grand nombre d'oiseaux qui ne sont pas mentionnés sur la liste des Insectivores et qui mériteraient cependant d'être couverts par la protection de la loi.

Je pourrais signaler des inconvénients analogues dans le manifeste relatif à la chasse dans la province de Turin, en date du 14 juillet 1873, et peut-être même dans la loi actuellement en vigueur dans le royaume d'Italie, loi qui a cependant dû être modifiée par suite de la conclusion, signée par l'Autriche, d'une convention destinée à protéger plus efficacement diverses espèces d'oiseaux. Quelques règlements appliqués depuis une dizaine d'années dans le nouveau monde, au Canada et sur divers points des États-Unis paraissent plus rigoureux; mais aucune loi ne peut être comparée, sous le rapport de la sévérité, avec celle qui a été promulguée en 1875 dans la Confédération suisse et qui interdit absolument *au printemps* toute espèce de chasse *sur terre* et pendant toute l'année l'emploi d'engins quelconques autres que le fusil.

En d'autres termes, en comparant la diminution rapide des oiseaux utiles et du gibier à plume avec les mesures prises jusqu'à ce jour pour combler les vides ou prévenir de nouveaux dommages, on est forcé de reconnaître que ces mesures sont géné-ralement insuffisantes et que, si plusieurs États de l'Europe et de l'Amérique septentrionale ont essayé de remédier à une situation déplorable, la Suisse est le seul pays qui ait recouru sans hésitation à des dispositions radicales pour couper le mal dans sa racine. Or il est évident que de semblables tentatives ne doivent pas rester isolées; pour être réellement efficace la protection des oiseaux doit s'exercer sur une grande partie du globe habité, et c'est précisément à imprimer aux mesures prises la vigueur, l'ensemble et l'harmonie qui leur ont manqué jusqu'ici que devaient tendre les efforts du Congrès ornithologique de Vienne.

CONGRÈS ORNITHOLOGIQUE :
1° QUESTION DE LA PROTECTION DES OISEAUX. —— DISCUSSION.

Tous les membres de cette assemblée étaient dévoués à la cause des oiseaux utiles, mais tous n'obéissaient pas aux mêmes préoc-cupations, tous n'était pas guidés par le même ordre de consi-dérations. Ainsi quelques-uns de mes honorables collègues ont, dans la discussion, mis en avant des raisons analogues à celles que M. Lescuyer avait exposées en ces termes dans son mémoire sur les *Oiseaux de passage* (page 42 et suivantes) :

« La vie matérielle n'est qu'un moyen pour notre vie intellec-tuelle, et nous avons une soif insatiable du beau, du vrai et du bien. Rien ne nous arrête quand il s'agit de chercher les joies de l'esprit et du cœur; les beaux-arts ont toujours tenu une grande place chez les peuplades civilisées ; mais est-il rien de comparable au beau de la nature? Les chefs-d'œuvre des artistes sont aux su-blimités de l'univers ce que l'homme est à son Créateur.

« Comment, en entrevoyant quelques-unes de ces harmonies du monde des oiseaux, ne pas se sentir profondément ému et saisi d'admiration et d'amour? Combien n'avons-nous pas eu d'occasions d'admirer le rôle si remarquable de l'oiseau dans les grandes har-monies de l'élimination? A d'autres points de vue il n'est pas moins digne d'attention.

« Il est un chef-d'œuvre de mécanique, la plus admirable des machines agricoles, le modèle des machines de locomotion aqua-tique et probablement aérienne.

« Ainsi les Palmipèdes ont donné l'idée de la rame, les Nageurs et les Plongeurs ont servi de modèle pour la construction et la décoration des navires...... Les harmonies organiques ne sont pas moins remarquables dans les détails que dans l'ensemble. On peut en juger par la beauté d'une plume..... Les plumages gris, qui ont été répartis en plus grand nombre dans nos pays tempérés, ont eux-mêmes reçu des nuances et des variétés de dessin qui leur donnent un cachet particulier. Il est d'ailleurs beaucoup d'oiseaux, surtout dans les pays chauds, qui, comme les papillons et les minéraux, ont été dotés des plus riches couleurs, et ils ont souvent fourni des parures aux femmes et aux guerriers.

« Beaucoup d'entre les oiseaux sont de véritables musiciens. Toujours et partout ils prodiguent leurs concerts; ils les donnent à ceux qui sont deshérités des joies du monde et des délicatesses de la musique du Conservatoire..... La plupart font dans les ensembles des parties d'accompagnement; ils composent un fonds d'harmonie qui s'enrichit constamment des soli donnés par l'Alouette, le Pouillot, l'Hypolais, la Fauvette, le Rouge-gorge, le Troglodyte et surtout le Rossignol. Tous leurs accents sont empreints d'entrain et de gaieté.....

« La beauté qui sous tant de formes leur a été prodiguée sera toujours pour les poètes une inépuisable mine.

« Quels attraits n'ont pas la tendre sollicitude de la couveuse, de la mère pour ses petits, les touchantes unions de presque toutes nos espèces, les affectueuses démonstrations de l'oiseau apprivoisé, la majesté de l'Aigle, la noble gravité du Duc, la magnificence du Paon, l'aimable pétulance des Passereaux, la grâce de la Fauvette, l'élégance de la Bergeronnette, le vol ondulé de l'Hirondelle, la course légère et rapide du Chevalier, l'imposante navigation du Cygne, les nuances variées des plumages, surtout sous les livrées du printemps, le blanc lustré du Grèbe, les éclatantes couleurs du Chardonneret, le plastron pourpré du Bouvreuil, le manteau vert du Martin-pêcheur, la robe dorée du Loriot, la couronne du Roitelet, l'hymne de l'Alouette, le chant éclatant du Serin, du Chardonneret et de la Linotte, l'air brillant de la Grive, les sons de voix filés et les douces mélodies de la Fauvette, le chant si varié, si harmonieux et si étendu du Rossignol, l'intéressante construction des nids, la légèreté et la grâce de ces berceaux, le riche coloris de l'œuf?

« A combien d'agréables rêveries n'ont pas donné lieu tous les joyaux des parures de la nature? Partout et toujours elles ont surexcité l'imagination des poètes et des peuples. »

C'est surtout à ce point de vue esthétique que s'est placé le docteur Altum. Dans une importante communication faite au début de la première séance du Congrès, il a rappelé d'abord que, au sein de la Commission du Reichstag allemand chargée d'élaborer une loi de protection des oiseaux, il avait appelé l'attention de ses collègues sur la nécessité de tenir compte aussi bien de la beauté des espèces que de leur utilité, mais qu'on lui avait répondu : tout ce qui ne sert à rien ne mérite pas d'être protégé. C'est là, dit M. Altum, une manière de voir assez étroite et qui conduirait à d'étranges conséquences, puisque, en l'admettant, on serait amené fatalement à ne pas encourager les beaux-arts. D'ailleurs, il faudrait s'entendre sur la signification précise du mot *utile*. Quelles sont les espèces utiles? la réponse ne sera pas la même suivant les personnes que l'on interrogera. Ainsi le paysan qui sait que le Busard se nourrit de Souris considère volontiers cet oiseau comme utile; au contraire le chasseur qui par hasard, une fois en dix ans, a vu ce même Rapace occire un jeune Lièvre le classe pour ce seul fait parmi les oiseaux nuisibles. D'ordinaire ce sont les savants de cabinet qui dressent les listes d'animaux utiles, et quelle que soit leur compétence, il est difficile qu'ils ne commettent pas des erreurs, puisqu'ils sont obligés de décider d'après les renseignements souvent contradictoires qui leur sont transmis.

C'est ainsi qu'on a rangé dans la catégorie des oiseaux utiles une foule d'espèces dont il serait bien difficile de démontrer rigoureusement les services. M. Altum a cité comme exemple le Rollier, le Gobe-mouche noir et le Pic-épeiche.

Il est certain que le premier de ces oiseaux se nourrit d'insectes, mais est-ce bien d'insectes nuisibles? En faisant l'autopsie d'un certain nombre d'individus de cette espèce, qui devient tous les jours plus rare en dépit de la protection dont elle est l'objet, M. Altum n'a trouvé en effet dans l'estomac que des coléoptères utiles, comme les *Carabus violaceus* et *glabratus* et le *Calosoma sycophantes*, ou des insectes *indifférents*, c'est-à-dire ni utiles ni nuisibles, comme le *Geotrupes sylvaticus* et le *Spondylis buprestoides*. Qui oserait cependant soutenir qu'il faut supprimer le Rollier? La beauté seule de cette espèce, à défaut d'autres qualités, doit lui assurer la vie.

Le Gobe-mouche, comme son nom l'indique, fait la chasse aux mouches dans les forêts; mais à quelles mouches, c'est ce qu'il importerait de savoir, et c'est ce que beaucoup d'ornithologistes seraient incapables de dire. Car il ne faut pas oublier que sous le nom de mouches on confond une foule de diptères dont quelques-uns sont utiles, comme les *Tachina fera*. Celles-ci ont complète-ment anéanti, en 1882-1883, les chenilles processionnaires qui constituaient alors un véritable fléau. S'il était prouvé que le Gobe-mouche détruit ces auxiliaires, ne perdrait-il pas sa bonne réputation?

D'après les observations qu'il a pu faire pendant quarante années, M. Altum est persuadé que le Pic, dont les mérites ont été tant discutés, recherche moins les insectes qui font périr les arbres forestiers que les insectes qui vivent dans les troncs abattus, et que sa nourriture principale consiste en larves de *Lamia ædilis*, insecte totalement indifférent

Enfin l'orateur a invoqué encore l'exemple de l'Alouette, dont l'utilité pour la destruction des insectes est assez probléma-tique, mais dont le rôle n'est pas moins important puisqu'elle ré-conforte les travailleurs par son chant et répand la gaieté dans tous les cœurs.

En conséquence M. Altum a demandé au Congrès de voter la résolution suivante :

« Dans la question de la protection des oiseaux, il sera tenu compte, non seulement de l'utilité agricole, mais de la valeur es-thétique des différentes espèces, et dans le cas où l'utilité publique et la valeur esthétique se trouveront en balance, c'est à la der-nière qu'on donnera la préférence. Les oiseaux classés comme gibier resteront soumis aux lois sur la chasse.

« Pour des motifs scientifiques, lors du passage d'espèces excep-tionnellement rares, ou en cas de nécessité absolue, il pourra être dérogé aux lois de protection des oiseaux.

« Ces lois s'appliquent à toutes les espèces indigènes, à l'excep-tion du gibier à plume et des oiseaux ci-dessous désignés :

« 1° Les Rapaces (sauf la Buse vulgaire, la Buse pattue, la Buse bondrée, l'Aigle criard, la Cresserelle et le Faucon kobez);

« 2° Le Grand Duc;

« 3° Le Martin-pêcheur;

« 4° Toutes les Pies-grièches ;
« 5° Tous les Fringilles ;
« 6° Tous les Corbeaux ;
« 7° La Foulque morelle ;
« 8° La Poule d'eau ;
« 9° Les Hérons.
« 10° Les Palmipèdes qui ne rentrent pas dans la catégorie du gibier à plume, comme les Harles (*Mergus*), les Cormorans (*Haliæus*), les Hirondelles de mer (*Sterna*), les Goélands (*Larus*), les Labbes (*Lestris*), les Pétrels (*Procellaridæ*), les Pingouins (*Alcidæ*), les Manchots (*Eudyptes*), les Plongeons (*Colymbus*). »

En d'autres termes, M. le D' Altum, dans sa proposition, a adopté précisément la méthode que je signalais tout à l'heure comme la plus pratique, puisque, au lieu d'énumérer longuement tous les oiseaux qui méritent d'être protégés, il a désigné seulement ceux qui *peuvent* (et non qui *doivent*) être détruits.

Mais peut-être est-il allé trop loin dans cette voie en inscrivant en bloc dans ses listes *tous* les Fringilles, *tous* les Corbeaux, *tous* les Sternes, et en laissant aux intéressés la latitude de choisir dans ces groupes les espèces auxquelles, suivant les circonstances, pourront être rendus les bénéfices de la protection.

La Société ornithologique suisse a soumis de son côté au Congrès un mémoire en langue allemande rédigé par son président, M. Greuter-Engel, et par son secrétaire, M. A. Staehelin, et contenant des opinions assez différentes de celles qui ont cours en Autriche et en Allemagne. Les auteurs de ce mémoire estiment en effet que l'on s'est montré trop sévère envers les peuples du midi, et particulièrement envers les Italiens lorsqu'on leur a reproché, souvent en termes assez vifs, de massacrer chaque année d'énormes quantités de petits oiseaux; on a oublié, suivant MM. Greuter-Engel et Staehelin, que telle espèce ornithologique qui est utile dans une contrée peut, dans une autre contrée et dans d'autres circonstances, perdre ses qualités bienfaisantes et devenir extrêmement nuisible; on n'a pas tenu compte du changement qui survient dans le régime de certains oiseaux migrateurs qui, en arrivant dans le Sud, d'insectivores deviennent frugivores, et enfin on n'a point fait la part des habitudes invétérées des populations méditerranéennes, qui se livrent à la chasse depuis un temps immémorial et qui y trouvent soit une distraction, soit une source de profit ou un moyen d'améliorer leur alimentation. MM. Greuter-Engel et Staehelin regrettent évidemment la diminution graduelle que l'on constate dans le nombre des oiseaux chanteurs, mais ils pensent que pour l'arrêter il ne faut point recourir à des dispositions draconiennes qui seraient inapplicables dans le sud de l'Europe. Les bases d'une loi protectrice des oiseaux doivent à leur avis être extrêmement larges, et ses prescriptions doivent respecter dans une certaine mesure les coutumes locales; car autrement on viendra se heurter, dans l'application, contre des difficultés innombrables, on ne fera qu'irriter le sentiment populaire et il s'écoulera dix ou vingt ans avant qu'on arrive à un résultat sérieux.

A ce propos, les honorables membres de la Société ornithologique de Suisse critiquèrent la convention qui a été conclue en 1875 entre l'Autriche-Hongrie et l'Italie, dans le but d'assurer législativement la conservation des oiseaux, convention qui, suivant eux, n'a pu encore être mise en vigueur parce que ses articles ont paru absolument contraires aux habitudes des Italiens. Ils citèrent aussi ce qui est arrivé pour le projet de loi qui a été rédigé en 1873, au sein du Congrès des agriculteurs et des forestiers allemands, sur l'initiative du délégué suisse, M. de Tschudi, et dont les sept articles ont semblé tellement sévères que, depuis cette époque, ledit projet demeure enfoui dans les archives. Ils conclurent en demandant que, dans les contrées méridionales de l'Europe, on défende l'établissement de nouvelles aires ou *uccellandas* destinées à la capture en masse des petits oiseaux, et l'emploi de ces filets que l'on nomme *paretelle* ou *tirasses* et dont la description a été donnée en 1881 dans le *Gefiederte Welt*. Cependant ils croient qu'il y aurait lieu, comme disposition transitoire, de laisser subsister encore pendant dix ou quinze ans, en les frappant d'une surtaxe, les *uccellandas* qui existent actuellement et dont l'établissement a coûté souvent plus de 1,000 francs; ils ne voient point d'inconvénients à permettre la capture isolée des oiseaux, pourvu que les procédés employés n'aient rien de barbare et à autoriser le commerce et la possession des individus ainsi capturés.

En effet, d'après MM. Greuter-Engel et Staehelin, dans les pays du Nord et notamment dans les pays de langue allemande, où l'on montre généralement plus d'humanité envers les animaux que dans les pays du Midi, et où il existe d'ailleurs de nombreuses sociétés fondées en vue de conserver les petits oiseaux

6

on rencontrera certainement moins de difficultés qu'ailleurs dans l'application d'une loi protectrice; mais il ne faudrait pas cependant vouloir aller trop loin et tenter d'entraver cette passion pour l'élevage des oiseaux en captivité qui, dans ces dernières années, s'est emparée de toutes les classes de la société. « Nous savons, disent à ce propos les auteurs du mémoire, qu'il y a des gens à principes qui voudraient pousser toutes choses jusqu'à leurs dernières conséquences et interdire absolument toute capture d'oiseaux. Mais à quoi conduirait une pareille interdiction? Tout simplement au mépris de la loi. La preuve la plus frappante que nous puissions en donner nous est fournie par la loi sur la chasse qui a été promulguée en Suisse le 7 septembre 1875. L'article 17 désigne les espèces qui sont placées sous la protection de la loi, et établit formellement que lesdites espèces ne pourront être ni capturées ni mises à mort et que leurs œufs et leurs jeunes ne pourront être ni enlevés ni mis en vente sur le marché, à quelque époque de l'année que ce soit. L'article 22 indique les amendes qui pourront être prononcées contre les délinquants, amendes dont le chiffre varie suivant les cantons, mais ne doit pas être inférieur à 10 francs, et peut, dans beaucoup de cas, s'élever jusqu'à 100 francs, sans préjudice de la confiscation des oiseaux capturés et des engins de chasse. Et cependant, en dépit de cette interdiction, on trouve dans les journaux l'annonce de la mise en vente de toutes sortes d'oiseaux chanteurs; chacun peut vendre et acheter dans toutes les expositions des séries de tous nos Passereaux indigènes, sans que la police intervienne pour mettre à ce commerce le plus léger obstacle. Et évidemment, si l'on use d'une semblable tolérance, c'est parce qu'on a reconnu que la loi était trop sévère et qu'il était extrêmement difficile de l'appliquer dans toute sa rigueur.

« Il y a des lois que l'on tourne en dérision et qui nuisent au prestige des autorités qui les promulguent. Gardons-nous de nous laisser guider uniquement par des considérations théoriques et d'élaborer des règlements qui, par leur sévérité même, ne pourraient être mis en pratique et qui succomberaient sous le ridicule. Poursuivons sans pitié ceux qui capturent des oiseaux en grandes quantités, ceux qui enlèvent ou détruisent les nids dans les champs, mais laissons à l'amateur d'oiseaux, au pauvre artisan et particulièrement à l'ouvrier des villes une distraction innocente; permet-

tons-lui d'avoir dans son échoppe un oiseau chanteur dont le ga-
zouillement le réjouira pendant son labeur monotone et l'aidera
à supporter le fardeau de sa misérable existence. En un mot,
soyons indulgents pour celui qui, dans le rude combat de la vie,
n'a pas entièrement perdu le goût et le sentiment des beautés de
la nature.

« Ce serait d'ailleurs une grande injustice que de rendre, sous ce
rapport, la loi trop rigoureuse : il est en effet parfaitement démontré
que l'amour des oiseaux de volière exerce sur les sentiments de
celui qui en est possédé une influence bienfaisante, qu'elle lui
donne des goûts sédentaires et qu'elle le retient au logis. C'est
aussi chez l'amateur d'oiseaux que l'on rencontre la connaissance
la plus parfaite des soins à donner à la gent emplumée, c'est lui
qui s'occupe du bien-être des oiseaux sauvages et qui dispose à
leur intention des nids artificiels où ils pourront élever leurs
jeunes et des abris où ils trouveront en hiver la nourriture qui
leur est nécessaire ; c'est lui enfin qui est le plus disposé à s'élever avec énergie contre les traitements barbares infligés aux petits
chanteurs de nos bois.

« L'amateur d'oiseaux, lors même que sa passion grandirait encore, ne causera jamais de préjudice sérieux à notre faune ornithologique, car il ne prend que des mâles et il est prouvé que la
capture de quelques mâles d'une espèce n'entrave pas d'une manière sensible la propagation de cette espèce. Les intempéries ou
même une seule nuit de forte gelée causent plus de dommage
que tous les amateurs d'oiseaux réunis. »

En d'autres termes MM. Greuter-Engel et Staehelin soutiennent
la même thèse que les membres de l'Union ornithologique de
Vienne ; ils veulent aussi autoriser la capture isolée d'oiseaux vivants, sous prétexte de ne pas priver les pauvres gens de distrac-
tions innocentes. Il est, en effet, parfaitement vrai que la capture
de quelques oiseaux ne cause pas grand dommage à la chose publique, et que les éleveurs d'oiseaux sont en général disposés à
aimer et à protéger tous les oiseaux, même les oiseaux sauvages
mais on ne saurait en dire autant de l'oiseleur, qui ne voit que
son bénéfice, qui ne cherche qu'à accroître le chiffre de ses prises
et qui est fatalement poussé à substituer à la *capture isolée* une
capture en masse. Aussi me semble-t-il qu'il ne suffit pas de décider
que l'oiseleur ne pourra exercer son métier que du 1er septembre

au 1er mars, mais qu'il faut exercer sur cette profession une certaine surveillance et établir des mesures restrictives analogues à celles qui ont été proposées par l'Union ornithologique de Vienne. D'autre part, si l'on veut accorder dans les pays du Midi un certain délai pour faire disparaître les *postes* et les *uccellandas*, il ne faut pas, je crois, les frapper d'une taxe quelconque, car ce serait jusqu'à un certain point reconnaître légalement des établissements que l'on condamne. MM. Greuter-Engel et Staehelin demandent, ce qui est naturel, que des autorisations de chasse puissent être exceptionnellement accordées pour des motifs scientifiques, mais ils réclament aussi, ce qui me paraît dangereux, pour le propriétaire rural, pour le fermier et pour les gens à leur service, le droit d'écarter ou même de détruire à coups de fusil dans les champs, vignes et vergers (c'est-à-dire dans les endroits généralement non clos de murs), les oiseaux qui viennent s'abattre en hordes innombrables pour piller les semailles ou voler les fruits. Or ce droit, une fois reconnu, équivaudrait dans notre pays à l'autorisation d'un port d'armes durant toute l'année et il créerait au profit des propriétaires ruraux un véritable privilège, car il serait évidemment facile à celui qui voudrait enfreindre la loi en chassant en temps prohibé de soutenir qu'il n'agissait que pour la défense de ses cultures. En revanche, les honorables membres de la Société ornithologique suisse me paraissent avoir tout à fait raison quand ils s'élèvent contre l'emploi d'oiseaux aveugles comme appeaux et qu'ils demandent qu'on défende même la possession d'oiseaux ainsi mutilés.

Enfin MM. Greuter-Engel et Stachelin désirent aussi que, tout en restreignant dans de justes limites le nombre des oiseaux de proie, on ne procède pas à leur extirpation radicale, et peut-être ont-ils raison, car personne ne peut prévoir les conséquences qu'aurait la disparition totale d'une espèce, et, comme je l'ai dit plus haut, la balance entre les services rendus et les dégâts causés par certaines espèces de Rapaces n'est pas encore exactement établie.

Le Dr Palacky (de Prague) se déclara partisan des idées exposées par les membres de l'Union ornithologique suisse, et, considérant qu'il était impossible, dans les trois jours dont le Congrès pouvait disposer, d'arriver à élaborer une loi de protection des oiseaux, demanda la création d'un Comité permanent chargé d'étudier la question, de préparer des règlements et de surveiller l'application de ceux qui existent déjà, et dont quelques-uns peuvent être considérés comme excellents.

Ce Comité devrait en outre, dit M. Palacky, se mettre en relations avec les Gouvernements qui peuvent le plus facilement seconder nos efforts et obtenir, par exemple, des autorités anglaises de Malte des mesures énergiques pour faire cesser les massacres d'oiseaux qui se commettent annuellement dans cette île de la Méditerranée. Car, aussi longtemps qu'on laissera subsister cet état de choses, toutes les dispositions prises en Allemagne pour assurer la conservation des oiseaux resteront absolument inefficaces. Il importerait aussi de protéger contre les entreprises de sportsmen anglais les stations de Scandinavie, où, chaque printemps, de nombreuses espèces vont établir leurs nids, et de demander au Gouvernement français de ne plus permettre, comme jadis, la destruction des volatiles de tout genre sur les bords du lac Fezzara, et au Gouvernement italien de défendre la chasse acharnée que les paysans font aux oiseaux de passage. M. Palacky a constaté également que les Turcs font certainement plus pour la conservation des oiseaux que maintes nations qui passent pour plus civilisées. Obéissant à leurs sentiments naturels d'humanité envers les animaux, aussi bien qu'aux prescriptions de leur religion, les Turcs, en effet, se font souvent un devoir d'acheter des oiseaux captifs pour leur rendre la liberté. Enfin le Comité international aurait encore pour mission de faire ressortir les services que les oiseaux rendent à l'agriculture. Ces services sont incontestables, et M. Palacky en a cité quelques exemples. Il a rappelé notamment que sur les terres du prince Lobkowitz, les dégâts causés par le *Bothryoderes punctiventris*, dégâts qui étaient estimés pour une année seulement à 100,000 florins (210,000 francs), ont cessé grâce à l'intervention des Poules domestiques; il a rappelé également que l'invasion du *Bostrychus typographicus* en Bohême a été arrêtée par les oiseaux insectivores; qu'en 1847, dans l'Elbethal, de semblables fléaux ont pu être combattus par les mêmes auxiliaires, et qu'en Russie les sauterelles ont trouvé fréquemment dans les Martins roses (*Pastor roseus*) d'implacables ennemis.

Le Dr Russ (de Berlin), qui a pris la parole après le Dr Palacky, a fait remarquer, comme l'orateur précédent, que les séances du Congrès étaient trop peu nombreuses et le programme trop chargé pour qu'il fût possible d'entrer dans les questions de détail et de désigner nominativement toutes les espèces qu'il convient de protéger. En conséquence il a demandé que le Congrès votât seulement la proposition suivante, conçue en termes assez généraux pour pouvoir être universellement adoptée : « Tous les oiseaux d'Europe qui vivent à l'état sauvage et qui ne sont pas soumis aux lois ordinaires de chasse ne pourront être ni capturés ni vendus comme gibier. »

En développant cette proposition, le Dr Russ a déclaré que, dans son idée, l'interdiction ainsi formulée devait être appliquée avec la même rigueur à tous les pays, aussi bien à ceux du Nord qu'à ceux du Midi et qu'en outre la destruction des oiseaux dits nuisibles ne devait pas être abandonnée au premier venu.

L'opinion du Dr Russ a été appuyée par le professeur J. Talsky et par le Dr de Hayek. Ce dernier a fait observer toutefois que, dans la proposition du Dr Russ, il n'était question que des oiseaux *européens*, et que la sollicitude du Congrès devrait s'étendre également aux oiseaux exotiques. D'autre part M. de Hayek a exprimé le désir que le Comité, dont la création a été réclamée par M. le Dr Palacky, eût un caractère officiel, qu'il fût composé de membres nommés par les divers Gouvernements, et qu'un bureau permanent fût installé afin d'établir des relations continuelles entre les éléments disséminés de ce comité. Ce bureau, a dit M. de Hayek, pourrait, dans l'origine, n'être composé que d'une seule personne, d'un secrétaire qui, moyennant une rétribution de 4,000 à 5,000 florins par an (8,400 à 10,500 francs) pourrait facilement assurer le service, se mettre en correspondance avec toutes les parties du monde et tout préparer en vue d'un prochain congrès.

La création d'une commission a été également demandée par le Dr V. Fatio, délégué officiel de la Confédération suisse et représentant, en même temps, de la Société suisse de chasseurs *Diana*, et de la Société protectrice des animaux de Genève. Dans un discours qui a réuni de nombreux suffrages, M. Fatio a d'abord expliqué ce qu'il entendait par oiseaux utiles, ou en d'autres termes quelles étaient les espèces qu'il croyait devoir, pour des motifs divers, recommander à la sollicitude des législateurs de tous les pays.

Bien que la distinction ne soit pas toujours et partout très facile, on peut, suivant M. Fatio, reconnaître chez les oiseaux deux sortes d'utilité, *l'utilité pendant la vie,* c'est-à-dire les services rendus à l'agriculture par certaines espèces, appartenant pour la plupart à l'ordre des Passereaux, et *l'utilité après la mort,* c'est-à-dire les ressources que fournissent au commerce et à l'alimentation les espèces, d'ordres divers, généralement classées dans la catégorie du gibier. Ces deux genres d'utilité doivent être également pris en considération par le Congrès, et les oiseaux qui servent à l'alimentation et font directement partie de la fortune publique méritent d'être protégés au même titre que les oiseaux qui nous aident à améliorer notre situation agricole.

« Ceci établi et estimant qu'un Congrès international doit surtout s'occuper de réglementer la destruction des espèces migratrices ou internationales, j'éliminerai pour ma part de la discussion, a dit M. Fatio, les quelques espèces véritablement sédentaires qui, dans chaque État, doivent être nécessairement protégées par une législation spéciale, dictée par les conditions du pays. Je ne m'occuperai donc plus que des *migrateurs auxiliaires* et du *gibier,* qui, raisonnablement, appartiennent à toutes les contrées qu'ils visitent, soit en gagnant au printemps leurs lieux de nichée, soit en retournant en automne dans leurs quartiers d'hiver et en y séjournant plus ou moins. C'est une richesse internationale qui doit être internationalement réglementée.

« Il n'est pas juste en somme que certains États abusent de leur position, pour permettre chez eux un gaspillage de la fortune commune. Les autorités et les gens de science, dans les pays même les plus privilégiés, sont d'accord pour reconnaître la justice et la nécessité d'une entrave sérieuse aux destructions insensées qui se font dans certaines régions, et c'est pour cela que nous sommes tous ici, Messieurs.

« On a beaucoup discuté et écrit déjà sur la question de savoir si telle ou telle espèce est plus utile que nuisible ou *vice versa;* la solution du problème sans cesse posé est aussi difficile que les conditions et les circonstances sont variées. Ce n'est donc pas dans une semblable discussion de détail que je crois devoir entrer ici.

« Je voudrais voir établir, à grands traits, quelques principes de protection partout généralement applicables, tout en laissant aux autorités supérieures, dans chaque État, de certaines latitudes pour déroger temporairement à ces grandes prescriptions, en cas d'intervention urgente vis-à-vis du développement exceptionnel de telle ou telle espèce alors malfaisante.

« J'ai pour mission du Conseil fédéral suisse de pousser, selon mon pouvoir, à l'interdiction de toute chasse, de tout procédé de capture et de tout commerce, au printemps, des oiseaux migrateurs qui, en gagnant leurs lieux habituels de nichée, traversent successivement diverses contrées et s'établissent temporairement dans telle ou telle région. »

M. Fatio a expliqué à ce propos que, par procédé de capture, il voulait désigner non seulement les filets, lacets, aires et autres moyens généralement employés pour prendre de grandes quantités de gibier à plume ou d'oiseaux auxiliaires, mais encore la recherche des nids et des œufs des espèces qui rentrent dans l'une ou l'autre de ces catégories. Il a rappelé aussi que la Suisse a pris, il y a tantôt dix ans, l'initiative des mesures analogues à celles dont il réclame l'application, puisque, par la loi du 15 septembre 1875, elle a défendu sur tout son territoire la chasse sur terre au printemps, et la capture des oiseaux auxiliaires durant toute l'année et par quelque procédé que ce soit. Cette loi peut paraître sévère, mais il ne faut pas oublier que les populations helvétiques sont suffisamment instruites pour se soumettre à des prescriptions édictées dans leur propre intérêt; aussi, suivant M. Fatio, ces règlements ne méritent nullement les critiques que quelques-uns de ses compatriotes ont cru pouvoir formuler, et il serait à souhaiter que l'exemple donné par la Suisse fût suivi par d'autres États; car aussi longtemps que l'interdiction de la chasse durant la seconde moitié de l'hiver et au printemps restera limitée au territoire de la Confédération suisse, elle ne produira pas de résultats bien appréciables.

L'orateur a fait ensuite ressortir les services que les autorités des autres pays pourraient rendre à l'agriculture, à la sylviculture et à l'alimentation publique, en ne laissant plus décimer les petits auxiliaires qui débarrassent nos campagnes de dangereux parasites, en ne permettant plus qu'au moyen de filets, de lacets et d'engins perfectionnés on réduise chaque année le nombre des oiseaux qui vont se reproduire dans des contrées lointaines, en défendant enfin que dans ces mêmes contrées les nids des espèces sauvages soient impitoyablement dépouillés.

Pour faire comprendre l'iniquité de certaines destructions et de certains commerces sanctionnés par l'habitude, M. Fatio a cité, comme je l'ai fait précédemment, l'exemple de la chasse aux Cailles qui se pratique sur les côtes de la Méditerranée et qui cause un préjudice sérieux aux habitants des autres régions. Ceux-ci sont en effet obligés d'acheter, à beaux deniers comptants, de pauvres oiseaux expédiés dans des cages trop étroites, privés le plus souvent de nourriture et complètement épuisés par le voyage, au lieu de trouver dans leur propre pays un gibier qui viendrait tout naturellement s'y multiplier si l'on ne mettait obstacle à ses migrations.

« Je sais bien, a dit M. Fatio, que les autorités des contrées méridionales n'hésiteraient pas à entraver ces destructions et ce commerce illicite, si la chose était facile. Eh bien, Messieurs, c'est à un congrès international pour la protection des oiseaux de prêter main-forte aux États de bonne volonté et, par des mesures généralement applicables, de permettre à quelques-uns ce qui autrement eût été impossible chez eux. Continuer à autoriser l'introduction et les produits d'une semblable industrie, c'est de fait approuver la chose et la favoriser, c'est là surtout et tout d'abord que nous devons intervenir. C'est donc au nom de l'agriculture ainsi que de la sylviculture, au nom du droit commun et au nom de l'humanité, comme au nom de la Suisse, de la Société suisse des chasseurs et au nom de la Société protectrice des animaux, que je demande que, par tous les moyens possibles, les divers Gouvernements s'efforcent d'obtenir :

« 1° L'interdiction, durant la seconde moitié de l'hiver et au printemps, de toute chasse aux oiseaux migrateurs et auxiliaires et au gibier de passage;

« 2° La défense du commerce et de la vente dans les mêmes saisons des mêmes oiseaux migrateurs, vivants ou morts, et de leurs œufs;

« 3° La prohibition en tout temps de tous procédés ou engins destinés à capturer en masse les oiseaux en général, que ce soit un procédé capable de prendre ceux-ci en quantité à la fois, ou des pièges ou engins qui, disposés en grand nombre, puissent atteindre au même résultat;

« 4° La défense du commerce et de la vente en tout temps, sauf exception motivée, des oiseaux généralement considérés comme auxiliaires.

« Enfin une dernière proposition qui, bien que touchant plus directement à la propriété exclusive des différents pays, pourrait cependant être, par la réciprocité, d'un excellent effet contre le braconnage, toujours plus encouragé par les facilités croissantes du commerce international, résiderait encore dans :

« La défense de la vente, sans autorisation spéciale, de tout gibier, en dehors du temps de chasse autorisé dans chaque État.

« Il est évident que l'on n'arrivera pas partout complètement et du premier coup à réprimer des abus invétérés ; toutefois je pense qu'avec du temps et de la fermeté, on doit tendre toujours plus activement, par les moyens sus-cités, à une protection générale et légitime des oiseaux, si désirable à tous égards.

« Toute règle, et surtout toute règle générale, commandant forcément des exceptions, j'estime qu'en adoptant des prescriptions aussi sévères, chaque État pourra conserver cependant certaines latitudes prévues, pour des cas exceptionnels d'une importance reconnue, en vue de la science par exemple, pour la destruction des Rapaces et Carnassiers, ou bien encore lorsqu'une espèce trop abondante serait momentanément dangereuse.

« Considérant que ce n'est guère dans une assemblée aussi nombreuse que celle-ci que l'on peut élaborer un projet de loi protectrice internationale, je propose qu'une commission soit nommée par le Congrès, pour étudier aussi vite et aussi complètement que possible, tant les *desiderata* des différents États européens que les voies et moyens pour arriver à une entente générale, ou à un concordat, sur quelques points principaux susceptibles de fournir des prescriptions à la fois partout justifiables et partout applicables. Toutes questions de détail ou d'autorisations exceptionnelles justifiées seraient laissées à l'appréciation des autorités supérieures dans chaque pays.

« Tenant compte des buts divers à atteindre et des conditions différentes de chaque État, cette commission aurait en particulier à étudier consciencieusement, pour en tirer des conclusions pratiques, non seulement tous *les agents de destruction naturels et artificiels,* mais encore et surtout *tous les moyens de répression,* que ce soit une *surveillance plus active et des pénalités plus sévères* ou une *élévation sérieuse des droits commerciaux,* ou encore une *plus grande diffusion de l'instruction dans les écoles ou au milieu des populations,* moyen qui a donné de si bons résultats dans beaucoup de cantons suisses.

A son tour M. E. d'Eynard, en sa qualité de président de la Société des chasseurs suisses, a spécialement insisté sur la nécessité d'assurer la conservation du gibier par les règlements internationaux. Il a, comme d'autres orateurs, indiqué les causes qui ont déterminé une diminution alarmante dans nos richesses cynégétiques, et il a dénoncé aux Gouvernements intéressés les captures d'énormes quantités de Cailles, de Bécasses et de Bécassines qui se font non seulement à l'automne, mais en hiver et au printemps, sur le pourtour du bassin méditerranéen, et qui ne permettent pas au gibier à plume de venir, comme jadis, se reproduire dans l'Europe septentrionale. Il a signalé également les chasses acharnées dont les Canards sont l'objet tant au Nord qu'au Midi et l'enlèvement périodique des œufs de Vanneaux et de Bécasses, et il a demandé, comme M. Fatio,

1° Qu'il fût défendu au printemps de faire commerce d'oiseaux de passage vivants ou morts, ainsi que de leurs œufs;

2° Qu'il fût, en tout temps, interdit de capturer en masse les oiseaux appartenant à la catégorie précitée.

D'autres observations furent présentées par les Drs Lentner, Blasius et Schiavuzzi, qui se montrèrent favorables à la création d'un Comité international, par le Dr Baldamus, qui parut regretter que le Congrès ne s'occupât point de la rédaction d'un catalogue d'oiseaux utiles et nuisibles, et par M. de Tchusi, qui, voyant que les heures s'écoulaient sans qu'un résultat pratique ressortît de ces longs débats, émit l'idée de nommer une commission chargée de formuler quelques propositions très simples qui seraient soumises au Congrès dans une seconde séance, et qui constitueraient une base solide pour la discussion. Cette idée fut accueillie par le Congrès, et la commission, nommée par acclamation, fut composée de MM. de Homeyer, Baldamus, Russ, Borggreve, A.-B. Meyer, de Hayek, Schier, Lentner, Schiavuzzi, Fatio, Girtanner, Giglioli, de Schrenck, Oustalet, Pollen, Collett, Thott, baron de Berg et Brusina.

Le lendemain cette commission tint une séance de près de quatre heures, dans laquelle de nouvelles propositions vinrent se joindre à celles qui avaient déjà été soumises au Congrès par MM. Altum, Russ et Fatio et que leurs auteurs étayaient de nouveaux arguments. Ainsi MM. de Hayek, de Tschusi et de Pelzeln demandèrent au Congrès d'adopter les cinq articles suivants :

« 1° Les divers Gouvernements sont priés d'empêcher à l'avenir la capture en masse de tous les oiseaux dont l'utilité est parfaitement démontrée et d'interdire temporairement la destruction de tous ceux qui, étant généralement utiles, ne deviennent nuisibles que dans des circonstances déterminées. Chaque Etat reste libre de déterminer les conditions dans lesquelles pourra s'opérer la capture des oiseaux de volière;

« 2° L'enlèvement des nids des oiseaux qui ne sont pas décidément nuisibles ne peut se faire que dans un but scientifique et avec l'autorisation formelle du Gouvernement;

« 3° Réserve est faite en faveur de toutes les espèces dont l'utilité ou la nocivité n'est pas encore bien établie, les conditions de leur capture devant être ultérieurement fixées par la loi;

4° Les différents Gouvernements sont priés de confier la rédaction des divers articles de la loi de protection des oiseaux aux personnes qui représentent au Congrès lesdits Gouvernements et qui prépareront ce travail pour un deuxième Congrès, convoqué pour l'année 1885;

« 5° Ils sont priés également d'instituer un Comité ornithologique international permanent pour assurer l'exécution des résolutions prises par le Congrès. »

D'autre part, M. le professeur Borggreve défendit la proposition imprimée qu'il avait, dès la veille, déposée sur le bureau. Il critiqua en passant les articles du projet du Dʳ Russ, aussi bien que ceux du projet de M. de Hayek, et leur reprocha d'être complètement inapplicables, soit à cause des difficultés que l'autorité éprouverait pour tracer une ligne de démarcation entre la capture en masse et la capture isolée du gibier à plume, soit à cause de l'impossibilité de ranger certaines espèces, dont le régime est extrêmement varié, plutôt parmi les espèces utiles que parmi les espèces nuisibles. D'autre part M. Borggreve s'efforça de démontrer que, si les vides causés dans la population ornithologique du globe sont incontestables, la part qui revient à l'homme dans la destruction des oiseaux ne peut être établie; il prétendit aussi qu'en raison du perfectionnement croissant des engins de chasse, les entraves apportées à la capture des oiseaux, telle qu'elle se pratique actuellement dans diverses contrées, ne feraient qu'irriter les populations, dont elles heurteraient les habitudes invétérées, et qu'elles ne donneraient pas les résultats espérés, et il soutint, en revanche, qu'une protection plus large, accordée durant la première moitié de l'année aux espèces qui ne sont pas directement nuisibles, conduirait probablement au but désiré par les agriculteurs et les chasseurs, en déterminant un accroissement marqué dans le nombre des oiseaux que l'on rencontre en été et en automne.

En conséquence il proposa au Congrès ornithologique :

1° De prier S. A. I. et R. le Prince héritier d'user de sa haute influence pour obtenir, par la voie diplomatique, des divers Gouvernements de l'Europe et de l'Afrique septentrionale qu'une protection légale fût accordée pendant la première moitié de l'année, et durant les années 1886, 1887 et 1888, aux espèces qui ne portent point directement préjudice aux intérêts de l'agriculture, de la chasse ou de la pisciculture;

« 3° De demander à tous les ornithologistes qui seraient disposés à faire des observations dans une contrée déterminée, quelque petite qu'elle fût, de noter, dans des tableaux comparatifs, le nombre de paires d'oiseaux qui nichent ou nicheront dans la région durant les années 1884, 1885, 1886 et 1887, et de communiquer ces tableaux soit à un deuxième et à un troisième Congrès ornithologique, soit à une commission nommée par le premier Congrès;

3° De renvoyer la rédaction des instructions concernant la période 1886-1888, soit à un deuxième Congrès, convoqué par le Prince héritier ou par l'Union ornithologique, soit à une commission nommée à cet effet;

« 4° De voter en principe, pour le printemps de l'année 1888, la réunion d'un deuxième ou d'un troisième Congrès, provoqué par l'initiative de l'Union ornithologique et chargé de décider de l'opportunité du maintien ou du changement des dispositions précédemment adoptées. »

Mais de nombreuses objections furent faites à ces diverses propositions. M. le professeur Giglioli fit observer notamment que certains articles soumis à la commission par MM. Russ, Fatio, de Hayek, de Tchusi et de Pelzeln étaient déjà contenus dans la convention conclue le 10 novembre 1875 entre l'Autriche-Hongrie et l'Italie et que d'autres rencontreraient en Italie une opposition insurmontable. Il déclara qu'il lui paraissait impossible d'apporter de nouvelles entraves à la capture de certains oiseaux dans quelques provinces de son pays où tout le monde se livre à la chasse depuis des siècles.

M. le baron de Berch d'Heemsteede, délégué hollandais, insista particulièrement sur le côté juridique de la question, qui jusque-là avait été un peu trop négligé; il montra la nécessité de laisser à chaque État le soin de régler les points de détail et de resteindre le projet de loi internationale pour la protection des oiseaux à quelques principes généraux. En restant dans ces limites on aurait, dit-il, beaucoup plus de chances d'arriver à un résultat pratique qu'en adoptant quelques-unes des propositions qui ont été soumises à la commission et qui pour la plupart seraient d'une application difficile.

Cette manière de voir coïncidait si bien avec mes sentiments personnels que je l'ai vivement appuyée. J'exposai que, à mon avis, le Congrès n'avait pas qualité pour élaborer des articles de loi, et que, lors même que l'assemblée parviendrait à se mettre d'accord sur une série de règlements, ceux-ci ne pourraient entrer en vigueur dans chaque État qu'après la ratification du Gouvernement et des Chambres. J'ajoutai qu'il me paraissait douteux que le Gouvernement français ou les Ministères compétents acceptassent, sans les modifier, des dispositions qui pourraient être en opposition directe avec la législation actuelle ou avec les projets de loi en préparation : enfin, suivant les instructions que j'avais reçues du Département de l'agriculture, je déclarai que le Gouvernement français ne serait probablement pas disposé à se lier les mains par une convention analogue à celle qui avait été conclue pour le phylloxera. En conséquence je demandai la rédaction, sous forme de vœux, de deux articles généraux, qui seraient transmis, au besoin par la voie diplomatique, aux divers Gouvernements européens, et qui seraient sans doute pris par chacun d'eux en légitime considération pour modifier les règlements existants.

Cette opinion eut le bonheur de rallier d'assez nombreux suffrages, et comme précisément M. Fatio venait de formuler une proposition conçue en termes généraux, ainsi que je le demandais, la commission l'adopta, à la majorité des voix, et décida de soumettre seulement au Congrès les deux articles suivants :

« 1° Toute chasse, toute capture et tout commerce des oiseaux migrateurs et de leurs œufs seront interdits pendant la seconde moitié de l'hiver et au printemps;

2° « Toute capture en masse et tout commerce des oiseaux migrateurs seront prohibés, en dehors de la période de chasse fixée par la loi. »

Ces articles furent soutenus le lendemain, dans la séance générale, par leur auteur M. Fatio, qui y introduisit un léger amendement, en ajoutant dans le premier paragraphe, les mots *sur terre*, à la suite du mot *chasse*, afin de faire une concession à l'Italie et de laisser aux habitants de ce pays la liberté de se livrer pendant l'hiver à la chasse aux Canards. En revanche, M. Fatio réclama instamment que de nouvelles entraves fussent apportées à la chasse et au commerce de la Caille au printemps, soit au moyen d'un engagement pris par l'Italie de faire rentrer cet oiseau parmi les espèces placées sous la protection de la loi, soit au moyen d'une intervention énergique des autres États, qui pourraient interdire la vente ou le transit de ce gibier sur leur territoire ou le frapper de droits d'entrée très élevés.

Cependant la proposition de M. Fatio, même avec la modification qui venait d'y être introduite, ne parut pas satisfaisante au délégué de l'Italie, qui déclara que son Gouvernement était prêt à faire tous ses efforts pour réaliser les vœux du Congrès, mais en se tenant dans les limites de la convention de Buda-Pesth, en date du 10 novembre 1875. « A mes yeux, dit M. Giglioli, tous les oiseaux sont utiles, à l'exception des oiseaux de proie, mais ils le sont à des degrés divers, et, comme on ne peut songer à les protéger tous, il ne faut s'occuper que de ceux qui rendent les plus grands services. En outre, comme l'a justement fait remarquer M. de Berch, en entrant dans les questions de détail, on risque de rencontrer une foule d'obstacles dans la législation des différents pays. Le Congrès doit donc se borner à formuler des principes généraux, et, dans ces conditions, je suis tout disposé, pour ma part, à me réunir à mes collègues, car je ne désire nullement faire une opposition systématique; mais je ne saurais accepter les articles soumis par M. Fatio à la commission et adoptés par celle-ci, car la concession relative à la chasse aux Canards sauvages est insuffisante, et les Italiens désirent également pouvoir continuer à capturer des Cailles pendant la seconde moitié de novembre. »

M. Palacky, prétendant qu'il est impossible d'établir en Europe une distinction nette entre les oiseaux migrateurs et les oiseaux sédentaires, et jugeant ces derniers aussi dignes que les premiers de la sollicitude du Congrès, voulut de son côté substituer au projet de la commission la rédaction suivante :

« Il est défendu de détruire les oiseaux et d'enlever leurs œufs. Les lois des différents pays établiront les exceptions qu'il convient d'introduire dans cette règle générale en ce qui concerne :

« 1° Les Rapaces et les oiseaux ichthyophages;

« 2° Les oiseaux appartenant à la catégorie du gibier;

« 3° Les espèces qui ont pris trop d'extension, mais qui ne sont pas nuisibles.

Elles régleront aussi tout ce qui est relatif à la protection des oiseaux durant la période de reproduction. »

M. de Hayek à son tour renouvela un vœu qu'il avait exprimé précédemment, de concert avec le Dr Russ, et tendant à faire interdire la destruction en masse des oiseaux, non seulement à une certaine époque de l'année, comme le demandait M. Fatio, mais en toute saison. Enfin d'autres critiques plus ou moins vives furent adressées au projet de la commission par M. Zeller, par M. Kermenic, par le Dr Russ et surtout par M. Borggreve, qui proposa de modifier le texte de l'article 1er et de supprimer complètement l'article 2. Ce dernier orateur insista beaucoup pour que le Congrès priât le gouvernement d'Autriche-Hongrie de faire les démarches nécessaires pour arriver à la conclusion d'une convention avec les autres États de l'Europe et de l'Afrique septentrionale, convention ayant pour but la promulgation dans chaque pays de lois interdisant pendant la première moitié de l'année légale :

« 1° Tout commerce d'oiseaux vivants ou morts;

« 2° La capture ou la chasse de toutes espèces d'oiseaux, a l'exception du Grand et du Petit Coq de Bruyères et des oiseaux qui auront été reconnus directement nuisibles aux intérêts de la chasse, de la pêche ou de l'agriculture, ou qui, en vertu d'une permission spéciale de l'autorité, seront destinés à des études scientifiques. »

Au contraire le Dr Pollen montra combien il était inutile que le Congrès vînt s'immiscer dans les questions de détail qui se trouvaient déjà réglées depuis plus de vingt ans dans différents pays. Mais, malgré les efforts de ce naturaliste et d'autres orateurs qui cherchèrent à replacer la discussion sur son véritable terrain, le projet de la commission fut un moment sur le point de disparaître au milieu des contre-propositions et des amendements successivement présentés. Comme cependant la majorité paraissait désireuse de faire aboutir ce long débat, il me sembla qu'il serait possible d'arriver à une entente en prenant un moyen terme entre les opinions extrêmes de ceux qui demandaient l'interdiction absolue de toute chasse et de tout commerce d'oiseaux durant la première moitié de l'année légale et de ceux qui protestaient contre ces mesures prohibitives et désiraient rester dans les limites des lois et conventions actuelles; je proposai donc, dans un but de conciliation, d'introduire dans les articles rédigés par M. Fatio une modification destinée à les rendre plus facilement acceptables par les pays circumméditerranéens. Cette modification consistait à faire, dans l'interdiction prononcée en général contre la chasse au printemps, une exception en faveur de la chasse au fusil. L'usage des armes à feu n'est pas en effet, dans notre pays du moins, à la portée du premier venu, et les braconniers n'ont guère recours au fusil, qui, en revanche, est préféré par les vrais chasseurs. Or ceux-ci savent ménager les ressources d'un pays, ne s'attaquent pas aux petits oiseaux, et, quelle que soit leur adresse, ne détruisent que de très faibles quantités de gibier, relativement à ce que prennent les braconniers au moyen de filets, de collets, de lacets et d'autres engins. En permettant durant les premiers mois de l'année la chasse *au fusil seulement,* et en défendant *en toute saison* la chasse au filet, les tendues, etc., on accorde donc à la fois une certaine satisfaction aux chasseurs, qui ne se laisseraient pas volontiers priver du plaisir de tirer la Bécasse et le Canard sauvage à leur passage au printemps, et en même temps on ménage la transition entre l'état de choses actuel et une législation plus sévère, analogue à celle qui existe en Suisse et qu'il sera peut-être un jour possible d'appliquer également dans notre pays.

Ces considérations frappèrent probablement les membres du Congrès, car un grand nombre d'entre eux adoptèrent ma proposition, et une imposante majorité vota en définitive la résolution suivante :

RÉSOLUTIONS ADOPTÉES PAR LE CONGRÈS SUR LA PREMIÈRE QUESTION DU PROGRAMME : PROTECTION DES OISEAUX.

Le premier Congrès ornithologique international prie le Ministère impérial et royal de la maison impériale et des affaires étrangères à Vienne de bien vouloir faire les démarches nécessaires à l'établissement d'un accord entre les différentes nations du globe, ou même à la conclusion d'une convention internationale ayant pour but la promulgation de dispositions législatives basées sur ces deux principes :

1° Durant la première moitié de notre année légale (*Kalenderjahr*) ou durant la période qui y correspond, il est défendu, sauf aux personnes munies d'autorisations dûment justifiées, de chasser (le texte allemand porte *erlegen*, abattre) les oiseaux avec d'autres engins que les armes à feu, de les capturer et de faire commerce soit desdits oiseaux soit de leurs œufs;

« 2° La capture en masse des oiseaux est interdite en tout temps. »

ORIGINE DE LA POULE DOMESTIQUE ET PERFECTIONNEMENT DE L'ÉLEVAGE DES VOLAILLES. — DISCUSSION.

La seconde section, pendant que la première délibérait de son côté, s'était occupée de la question de l'origine de la Poule domestique et des moyens de perfectionner l'élevage des volailles. L'origine de la Poule domestique est encore enveloppée d'un certain mystère. Après être restés très longtemps embarrassés pour rattacher à une seule souche commune les races domestiques extraordinairement variées qui vivent actuellement sur divers points du globe, les naturalistes avaient cru trouver le type primitif de toutes ces formes secondaires dans une espèce de l'Inde, le Coq bankiva (*Gallus ferrugineus* Tem.); mais des découvertes paléontologiques récentes sont venues jeter les esprits dans de nouvelles perplexités. M. le professeur L.-H. Jeitteles a signalé en effet, en 1872, la découverte d'une tête osseuse de Coq dans les dépôts préhistoriques d'Olmütz en Moravie, et bientôt après, dans le journal *Zoologische Garten* (1873 et 1874), il a exposé les faits suivants :

« Le genre *Gallus*, répandu sur une grande partie de l'Europe pendant le cours de la période tertiaire, fut représenté dans l'Europe occidentale, pendant la période quartenaire (âge du Mammouth), par deux formes très voisines du *Gallus bankiva*, ou peut-être même identiques à cette espèce que l'on considère comme l'ancêtre de nos races domestiques. Ces formes étaient contemporaines du Renne, du Cheval et de la Marmotte. Mais leurs restes ne se retrouvent plus dans les habitations lacustres ni dans les tombes de l'âge de pierre. Des vestiges de Coq reparaissent en Italie, en Moravie et dans les tombes celtiques datant de l'âge du bronze. Enfin on sait qu'à une époque très reculée, une race domestique, partie de l'Asie orientale, se répandit en Afrique et sur d'autres contrées du globe, qu'elle était connue en Asie Mineure et en Grèce dès le vi° siècle et sur le pourtour du bassin méditerranéen dès le v° siècle avant l'ère chrétienne. »

En même temps que M. Jeitteles, M. A. Milne Edwards, en étudiant les ossements extraits par M. Piette de la grotte de Gourdan (Haute-Garonne), y reconnut les restes d'un Coq ou d'une Poule ayant la taille du Coq de Sonnerat. Enfin, à une date antérieure, des ossements de Coq avaient déjà été extraits de plusieurs cavernes et notamment de celle de Lherm.

Parlant de ces découvertes dans les *Reliquiæ aquitanicæ* et dans les *Matériaux pour l'histoire primitive de l'homme* (1875, xi° année, 2° série, t. VI, p. 496), M. A. Milne Edwards s'exprimait en ces termes :

« Les naturalistes sont généralement d'accord pour admettre que le Coq est originaire de l'Asie et que son introduction en Europe est d'une date relativement récente ; cependant on trouve des ossements de cet oiseau associés à ceux de l'*Ursus spelæus*, du *Rhinoceros* et du grand *Felis*. Il y avait donc en France une espèce de ce genre à une époque fort ancienne, et on ne peut supposer qu'elle avait été transportée là par l'homme, d'autant plus que le nombre des ossements trouvés jusqu'à présent dans les gîtes ossifères est très peu considérable et n'indique pas que le Coq vécût comme un commensal de l'homme.

« Déjà Schmerling en avait signalé des débris dans les cavernes de la province de Liège ; il figura même deux tarso-métatarsiens de taille trop différente pour qu'on puisse admettre qu'ils proviennent de la même espèce..... M. Gervais indique cet oiseau dans le conglomérat diluvien de la barrière de Fontainebleau, et H. de Meyer le cite dans les couches de la vallée de la Lahn dont le dépôt remonte à la même époque. M. Filhol a bien voulu me remettre un tarso-métatarsien presque entier, extrait de l'assise la plus ancienne de la caverne de Lherm (Ariège). L'extrémité inférieure de cette pièce est brisée, mais l'éperon est presque complet. Cet os appartient évidemment à un Coq ; cependant il se distingue, par sa brièveté et son aplatissement antéro-postérieur, de toutes les espèces du même genre que j'ai pu observer. Il se différencie également par le peu de largeur de la diaphyse, qui est creusée d'une gouttière nettement accusée. L'os du pied du Coq de Sonnerat est plus épais, celui du Coq de Bankiva est plus long et plus étroit.

« Un autre tarso-métatarsien, dépourvu d'éperon et provenant d'une Poule, a été extrait par M. Piette de la grotte de Gourdan ; il est plus grêle et plus court que celui de Lherm ; mais ces différences ne doivent être attribuées qu'au sexe.

« Un fémur de Coq trouvé dans la station de la Madeleine se rapproche par sa taille de celui du *Gallus Sonnerati*. Un autre fémur recueilli à Bruniquel est beaucoup plus petit, bien que très adulte, et je ne puis l'attribuer qu'à une Poule. Enfin, pour achever l'énumération des pièces du squelette de ces oiseaux trouvées dans les cavernes, je dois citer un tibia et un coracoïdien, provenant de la grotte des Fées, dans le département de l'Allier. »

La question, qui paraissait résolue, réclame donc encore de nouvelles investigations. Aussi le D\u02b3 Palacky, de Prague, a-t-il demandé que des fouilles fussent pratiquées dans les cavernes à ossements de la Chine occidentale, qui renferment peut-être de précieux matériaux pour l'histoire de nos volatiles domestiques. Le même naturaliste a exprimé l'espoir que les missionnaires français dans l'Extrême Orient ne refuseraient pas leur concours à ces recherches scientifiques, et je me suis chargé de transmettre ce désir à M. l'abbé David, qui a longtemps parcouru le Céleste-Empire, qui en a rapporté pour le Muséum d'histoire naturelle de Paris des collections d'une valeur inestimable et qui a conservé dans ce pays de nombreuses relations. En même temps j'ai émis l'opinion que les fouilles proposées par M. Palacky ne devraient pas être bornées à l'Extrême Orient, mais s'étendre aussi à diverses contrées de l'Europe, et spécialement aux régions où M. A. Milne Edwards et M. Jeitteles ont signalé la présence de quelques vestiges de Coq à l'état subfossile.

Dans la discussion relative aux perfectionnements à introduire dans l'aviculture, M. de Villa-Secca remercia l'Union ornithologique de Vienne des efforts qu'elle faisait pour imprimer à l'élevage des volailles une direction scientifique, mais il déclara en même temps que, à son avis, il était nécessaire d'abandonner le côté pratique aux gens du métier. Les Drs L. Ehlers et A. Lax, délégués de la Société centrale d'agriculture de Hanovre, exprimèrent le vœu que les sociétés d'aviculture et d'agriculture se missent en rapports plus intimes les unes avec les autres, afin de donner une plus grande extension à l'éducation des oiseaux domestiques. M. Greuter-Engel, de Bâle, insista, au même point de vue, sur la nécessité de répandre parmi les paysans des notions d'aviculture et donna des relevés statistiques très intéressants de l'importance de l'élevage et du commerce des volailles dans diverses contrées de l'Europe.

La section, présidée par M. H. du Roi, et le Congrès, en séance générale, votèrent en conséquence les résolutions suivantes :

« 1° Le Congrès exprime le vœu que des recherches soient faites dans les cavernes de la Chine occidentale pour y recueillir des documents paléontologiques pour l'histoire de la Poule domestique. Les stations d'observations dont le Congrès propose la création seront chargées de faire une enquête sur les espèces, races ou variétés des Poules existant actuellement sur la surface du globe.

« 2° Le Congrès désire aussi que les sociétés qui s'occupent de l'élevage de la volaille entrent en relations aussi intimes que possible et s'attachent sérieusement non seulement à perfectionner et à répandre les races pures, mais encore à augmenter la valeur économique des oiseaux de basse-cour. Il engage aussi ces mêmes sociétés à se mettre dans ce but en rapport avec les sociétés d'agriculture. En outre, comme la coopération des Gouvernements, aussi bien au point de vue matériel qu'au point de vue scientifique, est nécessaire au progrès de l'élevage des volailles, le Congrès prie les autorités compétentes d'introduire des notions d'aviculture dans le programme d'enseignement des établissements d'instruction agronomique et plus spécialement dans les écoles agricoles inférieures.

« 3° Considérant que l'emploi des Pigeons messagers est d'une grande importance, non seulement en cas de guerre, mais aussi dans d'autres circonstances et spécialement en cas de sinistres maritimes, et que, par une organisation systématique, on pourrait augmenter encore les services que ces oiseaux rendent à la sécurité publique, le Congrès émet le vœu que la question des Pigeons voyageurs soit inscrite au programme du prochain Congrès international. '

« Enfin le Congrès déclare adhérer aux résolutions qui ont été prises par le Congrès international pour le protection des animaux réuni à Vienne en 1883 et qui condamnent le sport du *tir aux Pigeons.* »

ÉTABLISSEMENT D'UN RÉSEAU DE STATIONS ORNITHOLOGIQUES. —

DISCUSSION.

La séance tenue par la troisième section, sous la présidence du Dr R. Blasius, a été très bien remplie, mais n'a point été marquée par des discussions passionnées, analogues à celles qui ont été soulevées pour la question de la protection des oiseaux. En effet l'établissement d'un réseau de stations ornithologiques a été admis presque sans débats, et les divergences d'opinions ne se sont manifestées qu'au sujet de l'étendue de ce réseau et des moyens de l'installer.

Comme l'a fait remarquer M. Blasius, qui, en sa qualité de président, a commencé par bien poser les termes de la question soumise aux délibérations de l'assemblée, la création de stations ornithologiques ne présente point les mêmes difficultés et n'entraînera pas les mêmes dépenses que la création de stations météorologiques ou astronomiques, puisque, dans l'esprit des naturalistes qui se sont occupés de la rédaction du programme du Congrès, il s'agit seulement de trouver dans les différents pays, d'une part un certain nombre de personnes aptes à faire des observations ornithologiques, de l'autre quelques spécialistes capables de réunir les documents recueillis, de les mettre en œuvre et d'en tirer des déductions scientifiques. C'est, a dit M. Blasius, à M. le baron de Sélys-Longchamps, dont l'absence au Congrès a été vivement regrettée, que revient l'honneur d'avoir insisté le premier, dans une communication faite à l'Académie royale de Belgique, sur l'utilité qu'il y aurait à rassembler des renseignements sur les migrations des animaux, sur la durée du sommeil hibernal, sur l'apparition de certains insectes, sur l'époque de la floraison de divers végétaux. En se servant des matériaux incomplets qu'il avait entre les mains, en mettant à profit les observations faites non seulement en Belgique, mais en Angleterre, en Allemagne, en Italie, etc., M. de Sélys-Longchamps est déjà arrivé à des résultats fort intéressants, auxquels sont venus bientôt s'ajouter, d'abord le fruit des recherches patientes de M. de Middendorf, l'auteur bien connu de *Isepiptesen Russlands*, et, dans ces dernières années, les documents consignés dans les rapports de Comités d'observations fondés en Allemagne, en Autriche, en Angleterre et en Amérique. M. le Dr Blasius a fait, avec raison, ressortir les services rendus par ces Comités, dont j'aurai l'occasion de parler dans un instant; puis M. Giglioli a pris la parole en français, d'abord pour déclarer que le Gouvernement italien était tout disposé à coopérer à l'établissement de stations ornithologiques, et ensuite pour exposer ses idées personnelles sur les moyens à employer pour faire réussir l'œuvre entreprise par M. de Sélys-Longchamps et par d'autres naturalistes.

Suivant M. Giglioli, il serait prudent de restreindre à l'Europe le principal champ d'expériences et d'établir, en dehors de ses limites, seulement quelques stations indispensables, d'une part dans le nord de l'Afrique, de l'autre en Asie Mineure et en Sibérie, en recourant, pour les emplacements à choisir dans ces dernières contrées, à la compétence de M. Radde et de M. de Schrenck. Laissant de côté toutes les contrées de l'Europe où il existe déjà un service d'observations régulièrement organisé, M. Giglioli s'est contenté d'indiquer rapidement quels seraient, dans son pays et dans quelques pays voisins, les points les plus convenables pour l'établissement de stations ornithologiques. Il a désigné provisoirement, dans l'Italie septentrionale, Bologne, Venise, Crémone, Gênes, Côme, Dermodossolo, Sondrio, Udine, Bellune; dans la Péninsule, Tarente, Lege, Baribucona, Rome, Florence, Pise et Naples; en Sicile, Girgenti, Messine et Palerme, et, dans les autres îles italiennes, un point de l'île d'Elbe et une localité de la Sardaigne; mais, a-t-il ajouté, il serait bon de rattacher ce réseau à des stations établies, par les soins des Gouvernements anglais, français, autrichien et hongrois, à Malte, en Corse, dans les îles Dalmates, spécialement à Pelagosa, aux environs de Nice, dans le canton du Tessin et dans le Tyrol. Dans le cas où ce projet serait accepté en Italie, M. Giglioli proposerait d'adopter pour les instructions et les rapports le modèle suivi en Autriche-Hongrie, et de rédiger non seulement en italien, mais en plusieurs dialectes, les questions adressées aux observateurs au sujet de chaque espèce d'oiseau.

QUESTIONNAIRES ET CARTES À METTRE ENTRE LES MAINS DES OBSERVATEURS. MÉTHODE DU Dr SCHIER.

A la suite de cette communication M. le Dr Schier a donné des détails très instructifs sur la méthode qu'il a employée pour déterminer les routes suivies à travers la Bohême par les oiseaux migrateurs. Dès l'année 1877, il avait présenté à la Société protectrice des oiseaux de Prague, un spécimen de grandes feuilles imprimées, qu'il avait fait tirer à un millier d'exemplaires et qui renfermaient, non seulement une indication précise des limites dans lesquelles devaient se tenir les observateurs, mais encore un formulaire à remplir comprenant les questions suivantes :

Nom de l'oiseau;
Sous quel nom est-il encore désigné dans la localité?
Niche-t-il dans la localité?
Dans quel endroit et dans quelles conditions?
Quels sont les motifs qui vous font croire que l'espèce niche dans le pays?
L'oiseau séjourne-t-il pendant toute l'année dans la localité?
A quelles époques arrive-t-il et repart-il?
Dans quelles proportions l'espèce se montre-t-elle ?
Est-elle protégée ou pourchassée ?

Quels sont les services qu'elle rend ou les dégâts qu'elle commet?

En outre chaque feuille était accompagnée d'un appendice donnant, après quelques mots d'introduction, une liste de tous les oiseaux qui ont été rencontrés jusqu'à ce jour dans les limites de la Bohême.

Ces feuilles étaient destinées aux instituteurs, qui devaient être invités à les remplir avec le concours des ornithologistes, des forestiers et des amateurs d'oiseaux de la région. Pour les faire parvenir sûrement aux destinataires, M. Schier eut l'idée de s'adresser aux autorités et notamment au Conseil de l'instruction publique de Bohême. Celui-ci comprit aussitôt l'utilité de la tentative de M. Schier et réalisa ses vœux en faisant envoyer dans chaque école un exemplaire de ses feuilles imprimées. Le résultat ne se fit pas attendre et fut des plus satisfaisants. En effet, au bout de quelques mois, M. Schier eut entre les mains 3,941 rapports qui avaient été rédigés par 4,370 observateurs et dont il se hâta de tirer parti. Pour commencer, il pointa sur une carte les localités, souvent très rapprochées, que les rapports indiquaient comme étant traversées par la Cigogne blanche ou comme possédant des nids de cette espèce, et il obtint de la sorte un tracé dont l'exactitude pourra être vérifiée lorsque les nouvelles stations ornithologiques auront été fondées. Les correspondants de M. Schier avaient, pour la plupart, négligé de noter les jours de l'arrivée des Cigognes dans leurs localités respectives, et les quelques dates indiquées étaient si peu concordantes qu'elles devaient se rapporter, non à la troupe principale des migrateurs, mais à quelques bandes isolées; il n'y avait donc pas à tirer grand parti de ces renseignements; cependant M. Schier a pu se convaincre de ce fait que les Cigognes qui arrivent en Bohême viennent de Moravie et entrent dans le pays par deux points, par Landskron et par Polna. De Landskron ces Cigognes gagnent la Silésie, et de Polna quelques-uns de ces oiseaux vont directement en Prusse, tandis que d'autres inclinent à l'Ouest et se rendent dans le district de Budweis, où ils s'arrêtent presque tous pour nicher. Les nombreux marais qui se trouvent dans ce district servent du reste de lieux de rendez-vous à une foule d'Échassiers et Palmipèdes. A ce propos, M. Schier a insisté sur les relations qui existent entre les routes suivies par les oiseaux appartenant à ces deux groupes et la distribution des marais, des étangs et des cours d'eau à la surface d'un pays. De même, en étudiant les migrations des oiseaux terrestres, on remarque que celles-ci subissent l'influence de la nature du sol et de la végétation des pays traversés. C'est ce que M. Schier a constaté notamment pour le Torcol, dont il a pu suivre les pérégrinations, pour ainsi dire d'une commune à l'autre, grâce aux milliers d'observations qu'il avait sous les yeux. Pour établir le tracé des routes suivies par les oiseaux migrateurs, il est nécessaire d'avoir des cartes à grande échelle, et M. Schier a conseillé d'en employer une pour chaque espèce d'oiseau. Si l'on veut procéder économiquement et rapidement, a-t-il dit, on dressera la carte, aussi simplifiée que possible, de la région qu'on habite; sur ce modèle on appliquera une feuille de toile ou de papier à calquer sur laquelle on tracera seulement au crayon ou à la plume les limites du pays. Quant aux noms de localités, que l'on voit apparaître à travers la feuille de papier à calquer, on ne les indiquera que s'ils correspondent à un renseignement fourni par un correspondant, et dans ce cas on mettra en regard la date indiquée pour le départ ou l'arrivée de l'oiseau, et des signes conventionnels indiquant les conditions atmosphériques, la température, la direction du vol. Quant aux autres observations, elles pourront être inscrites en marge de la carte. Enfin on mettra en tête de chaque carte le nom de l'oiseau auquel elle se rapporte.

Ce travail se fait plus rapidement qu'on ne le suppose, et les cartes ainsi préparées facilitent singulièrement la tâche de celui qui est chargé de centraliser les documents relatifs à l'ensemble de la faune ornithologique d'une contrée, surtout si ces cartes sont toutes à la même échelle. Pour obtenir ce dernier résultat M. Schier procéderait de la manière suivante : il prendrait, par exemple, une grande carte de l'empire austro-hongrois, tracerait sur une feuille de papier à calquer les limites de la Moravie, et il enverrait à la personne chargée de la faune de cette dernière contrée la feuille en question qui servirait de modèle pour les cartes particulières. Il opèrerait de même pour les autres provinces de l'empire. Enfin, quand les cartes, munies de leurs indications, auraient été retournées au bureau central, le naturaliste chargé du travail de condensation et de revision prendrait toutes les feuilles relatives à une même espèce, à la Cigogne par exemple, les découpe-

rait suivant la ligne des frontières et les réunirait de manière à reconstituer la carte complète de l'empire.

MODIFICATIONS À INTRODUIRE À LA MÉTHODE EMPLOYÉE PAR LE Dʳ SCHIER.

La méthode indiquée par M. Schier est évidemment pratique
et pourrait s'appliquer à d'autres pays aussi bien qu'à l'Autriche-
Hongrie. La seule modification que je proposerais d'y introduire
consisterait dans la substitution de cartes autographiées aux cartes
dessinées sur papier transparent ou sur toile à calquer. Celles-ci
sont, il est vrai, un peu moins coûteuses, mais ont l'inconvénient
d'être moins nettes et de se déchirer plus facilement, et nécessi-
tent toujours un travail assez long de la part des personnes chargées des observations. Il y aurait donc avantage à ce que le Comité
central, ou la personne chargée du travail d'ensemble, fît d'abord
exécuter des cartes partielles du pays renfermant seulement les
noms des stations d'observations, le tracé des principaux fleuves
et des chaînes de montagnes; puis qu'il fît tirer chaque année par
autocopie ou par autographie de chacune de ces cartes un certain
nombre d'exemplaires un peu supérieur à celui des espèces qui
constituent la faune de la contrée. Tous les correspondants recevraient ainsi, au fur et à mesure de leurs besoins, des lots de
cartes semi-muettes toutes prêtes et sur lesquelles ils n'auraient
qu'à consigner leurs observations. De cette façon on éviterait de
rebuter le zèle des observateurs en leur imposant des frais conti-
nuels ou un travail ingrat.

En terminant sa communication, M. Schier a rappelé que, dès
1880, il avait réclamé la création d'un vaste réseau d'observations
ornithologiques, et il a déclaré qu'il était plus que jamais désireux
de voir la réalisation de ce projet, s'étant trouvé lui-même, par
suite de l'absence de documents, dans l'impossibilité de poursuivre
au delà des frontières de la Bohême le tracé des migrations de
certains oiseaux. Il a insisté également sur la nécessité qu'il y
aurait, après avoir centralisé dans la capitale de chaque pays les
documents relatifs à la faune de la région, de faire converger ces
renseignements vers un centre où ils seraient traduits, analysés et
fondus dans un rapport définitif.

Cette proposition soulevait naturellement la question de savoir
à qui serait confiée la rédaction de ce rapport et dans quelle langue

il serait rédigé. Aussi M. Borggreve demanda-t-il au Congrès de se prononcer à cet égard en nommant le directeur du service ornithologique international et en choisissant pour le Rapport annuel soit le français qui est la langue diplomatique, soit l'allemand qui est la langue du pays où s'est réuni le premier congrès ornithologique sous le protectorat du Prince héritier. Conformément au désir de M. Borggreve, le Congrès nomma en effet, comme je le dirai tout à l'heure, un président d'un comité ornithologique international permanent, mais il ne se prononça pas sur la question de la langue, ce qui pourra être une source de difficultés, à moins qu'on ne se décide, pour respecter toutes les susceptibilités, à imprimer le Rapport annuel en quatre langues : en français, en allemand, en anglais et en italien.

M. Borggreve déclara aussi qu'il lui paraissait inutile d'étendre à l'hémisphère sud le réseau projeté de stations ornithologiques, puisque la plupart des espèces auxquelles nous nous intéressons particulièrement ne dépassent pas l'équateur dans leurs migrations; mais que, en revanche, il considérait comme absolument nécessaire de ne pas se renfermer uniquement dans les limites de l'Europe et d'effectuer aussi des observations en Sibérie, pays d'où proviennent une foule d'oiseaux qui traversent nos contrées pour aller hiverner en Afrique. L'établissement de quelques stations en Sibérie ne présenterait d'ailleurs aucune difficulté, puisque cette contrée forme une dépendance de l'empire de Russie.

Également préoccupé des difficultés que présentait l'exécution du projet soumis aux délibérations du Congrès, M. le Dr Girtanner, de Saint-Gall, proposa d'adopter pour l'établissement des stations ornithologiques un cadre assez restreint, et d'étendre petit à petit le réseau, comme on le fait quand il s'agit de télégraphes et de chemins de fer; il recommanda également d'apporter la plus grande attention dans le choix des personnes chargées de recueillir les observations, ayant constaté, dit-il, par expérience, combien sont rares les personnes qui sont en état de fournir à la science d'utiles renseignements.

Cette opinion fut appuyée par M. Greuter-Engel qui recommanda de laisser aux Gouvernements de chaque pays le soin de choisir les personnes chargées de recueillir les documents sur la faune ornithologique de la contrée. Ces personnes d'ailleurs, suivant M. Greuter-Engel, n'ont pas besoin d'être prises exclusivement parmi les hommes de science, car de simples amateurs ont déjà recueilli de précieux matériaux sur l'histoire naturelle de leur pays et peuvent à l'occasion devenir de précieux auxiliaires. Les documents fournis par ces observateurs pourraient être tous envoyés à un Comité moins nombreux que le Congrès de Vienne, après avoir été classés et mis en ordre par les sociétés savantes des différentes nations, qui simplifieraient ainsi le travail du Comité. Enfin, d'après le même orateur, il y aurait avantage à appeler d'abord l'attention des observateurs sur un petit nombre de points, et à développer successivement le programme d'année en année.

Se plaçant au même point de vue pratique que M. Greuter-Engel, M. Girtanner demanda que la liste des espèces signalées aux chefs de station ne comprît qu'un petit nombre d'espèces, de taille assez forte et facilement reconnaissables, afin que, avant de pousser plus loin l'expérience, on pût s'assurer du talent et des connaissances des observateurs. Tel fut aussi l'avis exprimé par le vénérable M. de Homeyer, qui conseilla d'adopter, pour sujets d'observations, précisément les espèces dont M. de Middendorf s'est occupé dans ses recherches sur les migrations des oiseaux.

Plus modeste encore dans ses désirs, M. le conseiller Radde déclara que, pour sa part, il se contenterait des renseignements recueillis sur les passages de trois ou quatre espèces universellement connues, telles que la Cigogne blanche, la Grue cendrée ou la Caille commune, et que, dans ces conditions, il verrait de grands avantages à confier les observations aux directeurs et aux employés des stations météorologiques. Ces stations, dit M. Radde, sont très nombreuses en Europe, et en Russie elles sont répandues depuis le nord de l'empire jusqu'au midi et depuis la frontière occidentale jusqu'au fond des provinces asiatiques; elles fourniraient donc les éléments du réseau projeté.

M. le comte Dzieduszycki appuya cette motion en faisant remarquer que, dans certaines circonstances, les migrations et surtout les apparitions accidentelles de diverses espèces d'oiseaux se trouvaient influencées par les perturbations atmosphériques dont l'étude est du domaine des météorologistes.

Désirant avant tout des documents sur les oiseaux qui visitent les contrées lointaines, M. de Hayek et M. le Dr Lentner ont conseillé, le premier de profiter du zèle des missionnaires jésuites que les devoirs de leur ministère appellent au milieu des populations sauvages et qui ont déjà recueilli de précieux documents sur la faune de l'Extrême Orient, de l'Afrique orientale et de l'Océanie, le second de mettre à contribution, dans le même but, le personnel des consulats.

Sans contester les services que les missionnaires et les agents diplomatiques pourraient rendre souvent à la cause de la science, M. le conseiller Meyer ne voudrait pas qu'on se reposât exclusivement sur eux du soin de réunir des informations sur la faune exotique. Comme il l'a fait observer avec raison, il arriverait souvent, en effet, que ces personnes, malgré tout leur bon vouloir, ne seraient pas à même de fournir les renseignements demandés; il en serait de même des météorologistes qui, à quelques exceptions près, n'ont pas été initiés par des études spéciales à la connaissance des espèces indigènes et à plus forte raison des espèces exotiques. Néanmoins M. Meyer ne serait pas disposé à renoncer au projet de faire exécuter à la fois des observations sur des points du globe très éloignés les uns des autres. C'est là certainement une entreprise difficile; mais il ne faudrait pourtant pas s'exagérer l'importance des obstacles à surmonter. Il y a déjà au Japon des professeurs d'histoire naturelle, de nationalités diverses, qui seraient très capables de faire des recherches sur les oiseaux de cette région; à Java, M. Vorderman s'est déjà occupé avec succès des espèces malaises; en Australie, M. Ramsay et, à la Nouvelle-Zélande, M. Buller seraient d'excellents correspondants; enfin, au Cap de Bonne-Espérance comme en Chine, on trouverait certainement parmi les résidents anglais des amateurs d'ornithologie.

A son tour, M. le Dr V. Fatio, de Genève, fit ressortir les services que pourraient rendre les stations ornithologiques projetées, aussi bien au point de vue scientifique qu'au point de vue pratique. « J'espère, a-t-il dit, que des observations ornithologiques exactes et multipliées, surtout si elles sont accompagnées d'indications météorologiques, pourront jeter une vive lumière, non seulement sur bien des points de distribution géographique et de variabilité des espèces, mais aussi sur la question si obscure des instincts des oiseaux et des influences diverses qui concourent à les diriger dans leurs migrations. J'estime en outre que des détails précis sur les allures de divers oiseaux, sur les époques, les directions de leurs passages, sur leur abondance relative dans certaines conditions et dans certaines circonstances, sur leurs stations principales et leurs lieux de reproduction, ainsi que sur les éléments qui entrent dans leur alimentation, fourniraient des documents très importants pour l'établissement de nouvelles lois de protection et serviraient de guide pour recommander aux différents États tel ou tel mode d'intervention. » En conséquence, M. Fatio a proposé au Congrès la formation d'une Commission internationale d'étude, chargée de dresser un programme d'observations, de désigner les stations les plus favorables ou les personnes les plus aptes à fournir des renseignements et de grouper chaque année les renseignements émanant des différents pays. « Je suis heureux, a-t-il ajouté, de pouvoir annoncer au Congrès que l'autorité fédérale suisse est disposée à faire recueillir et à coordonner les observations faites jusqu'ici en Suisse dans ce domaine, et à prendre en mains l'organisation des stations d'observations. »

NÉCESSITÉ DE CRÉER UN COMITÉ INTERNATIONAL ET DES COMITÉS NATIONAUX D'ORNITHOLOGIE.

J'ai soutenu la thèse présentée par le Dr Fatio et j'ai exposé de mon côté, dans les termes suivants, mes idées sur la constitution d'un Comité ornithologique international et des Comités nationaux qui seraient eux-mêmes en rapport avec les différents observateurs :

« Messieurs, depuis Linné, les naturalistes ont fréquemment dirigé leur attention sur les déplacements que les oiseaux effectuent périodiquement, suivant les saisons, aussi bien que sur l'apparition subite, dans diverses contrées, de certaines espèces qui, jusqu'alors, y étaient totalement inconnues, et, dans le *Thesaurus ornithologicus* de Giebel, des pages entières sont remplies de l'énumération des notes et mémoires consacrés à l'étude des migrations des oiseaux. Je n'essaierai donc pas de passer en revue tous ces ouvrages et je ne me permettrai pas de discuter leur mérite. En rendant hommage au zèle, à la perspicacité et à l'érudition déployés par plusieurs ornithologistes, je constaterai seulement que la plupart de leurs travaux, sinon tous leurs travaux, ont trait à notre vieille Europe, à l'Asie, à la partie septentrionale du nouveau monde, et que nous sommes dans une ignorance presque absolue au sujet des migrations des oiseaux en Océanie ou à travers la vaste étendue du continent africain.

« Je ferai aussi remarquer que, même pour l'Europe, nous ne possédons pas encore, relativement aux phénomènes dont je parle en ce moment, de renseignements complets, de telle sorte que, lorsqu'on a voulu tracer sur des cartes les routes suivies par les oiseaux, on a dû souvent procéder par induction et prolonger, hypothétiquement, à travers certaines contrées les lignes traversant des contrées voisines. Les cartes qui ont été publiées jusqu'à ce jour et qui accompagnent les mémoires relatifs aux migrations des oiseaux sont cependant à une petite échelle. Que serait-ce donc si elles étaient amplifiées ? Les lacunes que je signale augmenteraient d'importance, et parfois même il serait complètement impossible d'effectuer le tracé, faute de jalons suffisamment rapprochés. Pour la France, en particulier, nous n'avons pas encore le catalogue de la faune ornithologique de chaque département, et, dans ces conditions, il est difficile d'indiquer, avec toute la rigueur désirable, les chemins que suivent les oiseaux quand ils nous quittent en automne ou lorsqu'ils nous reviennent au printemps.

« J'applaudis donc de tout cœur à l'heureuse idée qu'ont eue les honorables organisateurs du Congrès en inscrivant, au nombre des questions destinées à lui être soumises, la création d'un réseau de stations-observatoires ornithologiques s'étendant sur tout le globe habité, et je crois qu'on arriverait ainsi à obtenir des données plus précises sur les migrations, en même temps qu'on recueillerait des renseignements inédits sur d'autres points de la biologie des oiseaux. Toutefois, à mon humble avis, il ne faudrait pas songer à établir tout d'abord ce réseau de stations sur un plan trop vaste, trop compliqué; il ne faudrait pas en faire une institution dispendieuse dont certains États ne pourraient ou ne voudraient pas supporter les frais. Il serait préférable, je crois, de profiter autant que possible des stations déjà existantes et affectées à d'autres usages, et de faire appel au dévouement de quelques personnes qui ont déjà consacré leur vie à l'étude de la faune de leur pays natal.

« Le zèle bien connu des gardiens des phares, des agents forestiers et des marins pourrait également être utilisé. Les phares qui brillent sur nos côtes attirent en effet, on l'a souvent remarqué, les oiseaux voyageurs qui viennent parfois se briser le crâne contre les glaces resplendissantes; d'autre part, la lisière des bois et le bord des fleuves, que les gardes forestiers parcourent dans leurs tournées matinales, sont aussi les endroits que les oiseaux fréquentent dans leurs déplacements; enfin les navires qui stationnent dans les mers du Nord ou qui sillonnent l'océan Pacifique et l'océan Atlantique sont fréquemment envahis par des troupes d'oiseaux migrateurs qui viennent se reposer sur les vergues, sur les cordages et même sur le pont. Je ne dois pas oublier non plus de mentionner, parmi les auxiliaires dont les renseignements pourraient être utilisés, les instituteurs des communes rurales, qui, grâce à leur situation, à leurs fonctions, à leurs relations, possèdent souvent des connaissances assez étendues sur la faune locale. Toutefois, en reconnaissant tout le profit qu'il y aurait à puiser à ces différentes sources, je dois rappeler ici, comme je l'ai déjà fait précédemment lorsque la question a été soulevée au sein de la Société d'acclimatation de Paris, que les observations ornithologiques exigent un flair, une intuition et des connaissances spéciales, que le zèle ne suffit pas et qu'il faut, par une étude particulière, apprendre à constater les phénomènes et à les décrire. A quoi serviraient, en effet, des documents incomplets pour le but que nous poursuivons? Que gagnerons-nous à savoir qu'une Fauvette quitte telle ou telle contrée à une certaine époque et y revient à une autre époque, que des Canards ont passé tel jour, à telle heure, au-dessus d'une ville ou d'un village, si nous ignorons à quelle espèce se rapporte cette Fauvette ou ces Canards?

« Il faut donc que les renseignements fournis comprennent non seulement le lieu et la date du passage, la direction du mouvement, la température et les conditions atmosphériques, mais la description détaillée ou un dessin de l'espèce, toutes les fois que celle-ci ne pourra être (ce qui vaudrait infiniment mieux) représentée par un spécimen *en peau*. Toutes ces données sont absolument nécessaires quand les renseignements émanent de personnes peu familières avec la science ornithologique; mais elles deviennent inutiles quand ces documents proviennent d'ornithologistes compétents, conservateurs de musées, membres de sociétés savantes ou simples amateurs.

« Il existe, Dieu merci, en Europe, nombre de personnes qui appartiennent à cette dernière catégorie, qui savent voir et décrire, qui ont déjà publié des travaux sur la faune de leur contrée et dont les renseignements peuvent être acceptés avec confiance. Je crois même qu'en France on trouverait ainsi plusieurs ornithologistes, habitant sur divers points du territoire, qui, par amour de la science, contribueraient à agrandir le cercle de nos connaissances. Les documents qu'ils auraient recueillis personnellement, ou qui leur auraient été fournis par les instituteurs ou par les gardes de leurs districts, et qu'ils auraient contrôlés, seraient ensuite centralisés dans la capitale et communiqués au *Comité ornithologique international* dont la création me paraît désirable aussi bien au point de vue de la protection des oiseaux que de l'étude de leurs migrations.

« En résumé je demanderais :

« 1° La création d'un Comité ornithologique international comprenant un certain nombre de représentants des différents pays ;

« 2° La création d'un Comité dans chaque pays, Comité composé des membres chargés de représenter ledit pays au sein du Comité international et de quelques autres personnes ;

« 3° L'établissement, sur divers points de chaque pays, de chefs de stations ou de membres correspondants, choisis de préférence parmi les directeurs des stations météorologiques, les conservateurs de musées, etc., chargés de recueillir des documents sur la faune du district et de les communiquer au Comité, qui siégerait naturellement dans la capitale, où se trouvent un grand musée et de nombreux éléments d'étude ;

« Ces chefs de stations et ces membres correspondants devraient résider, autant que possible, sur les principales routes déjà signalées comme servant au passage des oiseaux. Ainsi, pour la France, ils habiteraient dans le voisinage de la baie de Somme, au Havre ou à Rouen, à Meudon (observatoire), à Paris ou à Fontainebleau, à Nantes ou à Angers, à Bordeaux ou à Agen, à Pau, à Bayonne ou à Hendaye, à Guéret, à Châlons-sur-Marne ou dans les environs, à Nancy, à Épinal ou à Mirecourt, à Besançon, à Dijon, à Chalon-sur-Saône ou à Mâcon, à Lyon, à Perpignan et aux environs de Marseille ;

« 4° La rédaction d'une instruction claire et précise, accompagnée de descriptions suffisantes et au besoin de figures coloriées, d'une sorte de catéchisme ornithologique destiné à être mis entre les mains des personnes chargées de recueillir des renseignements pour les chefs de stations ;

« 5° La possibilité pour ces derniers et pour quelques-uns de
leurs auxiliaires de se procurer en tout temps et en toutes saisons
les oiseaux destinés à leurs études, une indemnité suffisante pour
couvrir leurs frais de déplacements et la fourniture des instruments
nécessaires à leurs observations. »

J'ai eu la satisfaction de constater que ces propositions, que le
D' Radde voulut bien résumer en allemand, répondaient au sentiment général de l'assemblée, car elles ne soulevèrent qu'une légère objection de la part du D' Pollen, qui n'avait pas bien saisi le
sens de ma communication. M. Pollen en effet avait compris que
je voudrais voir confier à des *astronomes* le soin de faire des observations ornithologiques, tandis que j'avais seulement désigné les
gardiens des phares comme des personnes aptes à recueillir des renseignements, des éléments d'étude, des échantillons qui seraient
utilisés par des ornithologistes exercés.

L'opinion que j'avais exprimée trouva un appui en M. de
Schrenck, qui engagea le Congrès à réclamer, pour l'établissement
des stations projetées, le concours des sociétés savantes des différents pays, et qui annonça que l'Académie des sciences de Saint-
Pétersbourg serait toute disposée à favoriser en Russie le développement des observations ornithologiques. M. de Schrenck, comme
M. Meyer, voudrait d'ailleurs que ces observations s'effectuassent
simultanément sur une grande partie du globe, mais, contraire-
ment à l'opinion de M. Radde, il hésiterait à en charger principalement des météorologistes, estimant que ceux-ci ne sont nullement préparés par leurs études à reconnaître les différentes espèces
d'oiseaux, tandis que les ornithologistes de profession ou même
les amateurs d'histoire naturelle, que l'on choisirait comme correspondants ou comme chefs de stations, sauraient bien joindre à leurs
notes sur les passages d'oiseaux les indications thermométriques
ou barométriques qui seraient jugées nécessaires.

A son tour, M. le D' Blasius constata que le Congrès pouvait
déjà compter sur la coopération d'un grand nombre de naturalistes
qui feraient certainement tous leurs efforts pour déterminer la
création de stations ornithologiques dans leurs pays respectifs.
Parmi ces collaborateurs il cita : pour la Norvège, M. Collett et
M. Hansen de Bergen ; pour la Suède, M. le comte Thott et M. le

professeur Kinberg; pour la Finlande, M. le Dr Palmen; pour le
Danemark, M. le Dr Lütken, inspecteur du Musée de Copenhague;
pour la Belgique, M. le baron de Sélys-Longchamps; pour la Hollande, M. le Dr Pollen; pour la France, M. A. Milne Edwards,
M. Oustalet et M. Olphe-Gaillard; pour la Suisse, M. Fatio; pour
l'Angleterre, MM. Cordeaux et Harwie Brown; pour l'Allemagne,
pour l'Autriche et pour la Russie, les ornithologistes, présents au
Congrès; pour la Grèce et l'Asie Mineure, M. le Dr Kruper; pour la
Serbie, M. Dokic; pour le Portugal, M. Barboza du Bocage, etc.
D'autre part, comme le fit encore observer M. Blasius, en Algérie,
en Tunisie, au Sénégal, au Gabon, au Cap, en Égypte, dans
l'Asie orientale, dans l'Inde, à Java, en Australie et à la Nouvelle-
Calédonie, des stations pourraient être également établies par les
soins des Gouvernements qui ont des possessions ou des colonies
dans ces diverses contrées. Enfin, pour l'Amérique du Nord, il suf-
firait de se mettre en rapport avec deux Comités qui fonctionnent
déjà et qui sont analogues au Comité d'observations ornithologiques de l'Empire austro-hongrois.

COMITÉS NATIONAUX D'ORNITHOLOGIE ACTUELLEMENT EXISTANTS. LEUR UTILITÉ ET LEURS TRAVAUX.

Ce dernier Comité, dont je me propose de dire maintenant
quelques mots, a été fondé, il y a quelques années, sous les auspices de S. A. I. et R. l'archiduc Rodolphe et sous la direction de
M. de Tchusi-Schmidhoffen; il compte actuellement un assez grand
nombre de correspondants, qui ont pour mission de recueillir des
documents sur l'histoire de toutes les espèces indigènes et surtout
d'étudier attentivement, durant plusieurs années consécutives, les
dates, les directions et les particularités diverses du passage des
oiseaux migrateurs. Les renseignements obtenus dans le cours
d'une année légale (du 1er janvier au 31 décembre) sont adressés
à M. de Tchusi; puis le Comité central, après les avoir examinés
et classés, les fait publier, pendant l'été suivant, sous forme de
supplément dans les *Mittheilungen* de l'Union ornithologique de
Vienne, et met des exemplaires de ce supplément à la disposition
de toutes les personnes qui ont fourni des observations. Toutefois,
comme les manuscrits envoyés sont extrêmement nombreux,
comme ils ne concordent pas toujours dans leur forme et leur
disposition, le Comité a résolu, à l'avenir, de tenir compte exclu-

sivement de ceux qui seraient rédigés d'après les indications suivantes :

1° Les auteurs devront adopter le format in-folio pour les manuscrits ;

2° Ils n'écriront que sur le *recto* de la feuille ;

3° Ils suivront l'ordre méthodique et ils emploieront les dénominations latines du Catalogue des oiseaux d'Autriche-Hongrie (*Verzeichniss der Vögel OEsterreichs und Ungarns*) de M. de Tchusi-Schmidhoffen ;

4° Ils réuniront sous la même rubrique tout ce qui concerne une même espèce et ils laisseront entre deux espèces consécutives un espace vide, un *blanc,* de 1 centimètre au moins, de manière à permettre de séparer facilement l'une de l'autre les différentes espèces portées sur une même feuille ;

5° Ils enverront, au mois de janvier de chaque année, à M. de Tchusi, leurs manuscrits dont l'écriture devra être aussi lisible que possible, et qui seront étudiés et classés dès la première moitié de février.

Enfin le Comité, tout en déclarant qu'il acceptera avec reconnaissance tous les documents relatifs à l'ornithologie, a cru devoir rédiger un *Programme d'observations,* dont M. de Tchusi a mis des exemplaires sous les yeux du Congrès et qui affecte en partie la forme d'un questionnaire.

Voici ce programme :

« I. Tracer les limites de la région où se font les observations, et donner autant que possible une description sommaire de la contrée et des indications générales sur les passages d'oiseaux qui y sont constatés.

« II. Répondre aux questions suivantes :

« 1° Quelles sont les espèces que vous rencontrez autour de vous, et sous quels noms locaux sont-elles désignées?

« 2° Quelles sont les espèces que vous connaissez comme résidant constamment dans la localité (*oiseaux sédentaires, Standvögel*)?

« 3° Quelles sont les espèces qui changent de stations suivant saisons (*oiseaux erratiques, Strichvögel*)?

« 4°. Quelles sont les espèces que l'on n'observe qu'au printemps et à l'automne ou seulement dans l'une de ces saisons (*oiseaux de passage, Durchzugvögel*)?

« 5° Quelles sont les espèces qui émigrent chaque année?

« *a.* Quelles sont celles qui ne séjournent dans le pays que pendant l'été (*oiseaux d'été, Sommervögel*)?

« *b.* Quelles sont celles qui ne restent que pendant l'hiver (*oiseaux d'hiver, Wintervögel*)?

« 6° Quelles sont les espèces qui ne se montrent que rarement dans le pays, et quelles causes peut-on attribuer à leur apparition accidentelle?

« 7° Quelles sont les espèces rares, les espèces clairsemées ou les espèces communément répandues dans votre pays?

« 8° Quelles sont les espèces qui se rencontrent à la fois en plaine et en montagne, et à quelle altitude montent ces espèces?

« 9° Avez-vous remarqué que le nombre des individus d'une espèce habitant votre pays ait augmenté ou diminué, et que cette augmentation ou cette diminution ait été influencée par le développement d'une autre espèce?

« Cette augmentation ou cette diminution provient-elle de modifications dans les conditions extérieures? ou de quelle autre cause?

« 10° Des espèces vulgaires (par exemple des Moineaux, des Hirondelles, des Corbeaux) manquent-elles déjà dans votre district, et quelles causes assignez-vous à leur absence?

« 11° Avez-vous vu des oiseaux d'été séjourner dans votre pays pendant l'hiver, ou réciproquement des oiseaux d'hiver rester pendant l'été, et à quelles espèces appartenaient ces oiseaux?

« 12° Avez-vous constaté, parmi les oiseaux de votre localité, des modifications de couleur ou la présence de bâtards ou d'hybrides?

« 13° Avez-vous fait dans nos Alpes des observations sur la présence du *Lämmergeier* ou Gypaète (*Gypaetus barbatus*) et du Pyrrhocorax choquard (*Pyrrhocorax graculus*)?

« 14° Avez-vous remarqué qu'un oiseau se distinguant de tous les autres individus de son espèce par certaines particularités revînt plusieurs années de suite dans la même localité?

« III. Noter, à l'occasion des passages :

« 1° La date de la première apparition ;

« 2° La date de l'arrivée de la masse principale ;

« 3° La date de l'arrivée des retardataires ;

« 4° La date des premiers départs ;

« 5° La date du départ de la masse ;

« 6° La date du départ des retardataires ;

« 7° Les espèces chez lesquelles on a observé un mouvement rétrograde au printemps, les causes qui peuvent être assignées à ce mouvement, le nombre d'individus qui y ont pris part (est-ce la totalité de l'espèce ou une partie seulement?), la date à laquelle l'espèce a reparu et les conditions météorologiques au milieu desquelles s'est effectué ce retour ;

« 8° La direction suivie par chaque espèce dans son passage, l'heure du jour ou de la nuit où s'est effectué le passage ;

« 9° L'état de l'atmosphère et la direction du vent pendant le jour de l'observation, et même pendant les jours précédents et les jours suivants, s'il s'agit d'une espèce dont l'apparition est accidentelle ;

« 10° Les espèces qui volaient suivant le vent et celles qui volaient contre le vent ;

« 11° Les localités que recherchent dans le district d'observations certaines espèces pour se reposer, les variations qui peuvent exister suivant les saisons dans le choix de ces localités, et la cause que l'on peut assigner aux préférences manifestées par les oiseaux.

« Répondre en outre aux questions suivantes :

« 12° Avez-vous constaté par vos observations que les mâles et les femelles, les jeunes et les adultes d'une espèce déterminée voyagent ensemble, ou au contraire qu'ils voyagent en troupes séparées, et dans ce dernier cas avez-vous remarqué qu'ils passent à différentes époques?

« 13° Quelles sont les espèces dont les individus se montrent isolément, par couples, en petites troupes, ou en cohortes nombreuses?

« 14° Quelles sont les espèces qui sont venues s'établir dans votre district, et quelles sont celles qui en ont disparu? Quelles causes assignez-vous à leur établissement ou à leur disparition? Prière de porter particulièrement votre attention sur les espèces suivantes : Milan noir (*Milvus ater*), Faucon cresserellette (*Cerchneis cenchris*), Rollier (*Coracias garrula*), Alouette cochevis (*Galerida cristata*), Bruant proyer (*Miliaria europœa*), Serin méridional (*Serinus meridionalis*), Ortolan (*Emberiza hortulana*), Étourneau vulgaire (*Sturnus vulgaris*), Litorne (*Turdus pilaris*), Merle de roche (*Saxicola saxatilis*) et Cigogne (*Ciconia alba*).

« 15° La direction des passages paraît-elle dans votre district dépendre du cours d'un fleuve, de la disposition des vallées ou des montagnes? Dans les localités où une montagne se trouve sur la ligne du passage, cette montagne est-elle traversée ou tournée par les troupes d'oiseaux migrateurs?

« 16° Quelles sont les espèces qui reculent devant un pareil obstacle, et quelles sont celles qui le franchissent?

« IV. Pour ce qui concerne la reproduction des oiseaux, répondre aux questions suivantes :

« 1° Quel est le nombre de couvées des espèces que vous avez eu l'occasion d'observer?

« 2° A quelle époque avez-vous trouvé des pontes isolées, et quel était le nombre d'œufs de chacune d'elles?

« 3° Quels intervalles séparent les pontes des différents œufs?

« 4° Combien dure l'incubation? Le mâle y prend-il part, ou sinon, à quelle date abandonne-t-il la femelle?

« 5° Sur quels œufs avez-vous observé des phénomènes d'albinisme, d'érythrisme ou de mélanisme?

« 6° Les jeunes oiseaux pondent-ils des œufs différant par leur forme ou leur coloration de ceux que pondent les adultes?

« 7° Quelles sont les espèces qui se servent du même nid pour une seconde couvée dans le cours d'une même année ou pendant plusieurs années consécutives, et quelles sont celles qui bâtissent chaque fois un nouveau nid?

« 8° Quelles sont les localités que recherchent certaines espèces pour établir leurs nids? A quelle hauteur se trouvent les nids et quels sont les matériaux qui entrent dans leur construction?

« 9° Quelles sont les espèces chez lesquelles vous avez observé un mode spécial de nidification, une disposition singulière du nid, et quelle cause assignez-vous à ces particularités?

« 10° Avez-vous connaissance de l'existence, dans votre district, de grandes colonies formées par des Hérons, des Mouettes, des Hirondelles de mer, des Freux, des Choucas, des Hirondelles de rocher, des Hirondelles de rivage, des Guêpiers, des Faucons kobez et d'autres oiseaux nichant à côté les uns des autres? où se trouvent ces colonies? de combien de paires se composent-elles en général? Avez-vous constaté qu'elles s'accroissent ou qu'elles diminuent?

« 11° Connaissez-vous des aires d'Aigles ou de Vautours, et quel en est l'emplacement?

« V. Enfin réunir des documents biologiques de tout genre, étudier les changements de plumage, et envoyer tous les renseignements au Comité, qui les accueillera avec plaisir et qui en tirera parti, pourvu qu'ils aient été recueillis par les observateurs eux-mêmes. »

Ces instructions sont absolument calquées sur celles qui ont été rédigées par le Comité d'observations ornithologiques de l'Allemagne du Nord, fondé sous les auspices de la Société ornithologique de Berlin. Les seules différences que l'on constate entre les deux documents consistent :

1° Dans l'addition au titre II (Migrations) du programme autrichien de deux questions (n°s 5 et 11) relatives aux *oiseaux d'été* et aux *oiseaux d'hiver*, questions qui ne figurent pas dans le programme allemand;

2° Dans la nomenclature recommandée aux observateurs, qui est, pour l'Autriche, celle du *Catalogue des oiseaux de l'Autriche-Hongrie* (*Verzeichniss der Vogël OEsterreichs und Ungarns*) de M. de Tschusi-Schmidhoffen, et, pour l'Allemagne, celle du *Catalogue des oiseaux de l'Allemagne* (*Verzeichniss der Vögel Deutschlands*) qui est actuellement sous presse.

Mais les recommandations et les questions posées aux observateurs sont du reste absolument les mêmes, je le répète, dans les deux documents, qui ont été inspirés par les travaux de M. de Homeyer (*Wünsche für die Beobachtung des Zuges der Vögel*). J'ajouterai que le Comité pour l'observation des oiseaux de l'Allemagne publie régulièrement, chaque année, dans le *Journal d'ornithologie* (*Journal für Ornithologie*), un rapport dans lequel sont classées et condensées les observations faites par ses correspondants. Ceux-ci se recrutent principalement parmi les professeurs, les agents forestiers et les ornithologistes amateurs, et se trouvent répartis entre toutes les parties de l'Allemagne, mais surtout dans le nord et dans le centre de cette région. Leurs observations sont envoyées au mois de janvier de chaque année au Dr R. Blasius, de Brunswick, qui s'est chargé de la rédaction du rapport et de l'examen des documents relatifs aux genres *Lusciola, Cyanecula, Erythacus, Ruticilla, Turdus, Saxicola, Pratincola, Cinclus, Motacilla, Anthus, Accentor, Regulus* et *Sylvia*, tandis que M. R. Tancré s'occupe des autres oiseaux chanteurs, le Dr A. Müller des Corvidés, des Rapaces, des Pigeons et des Gallinacés, et M. J. Rothweder des Échassiers et des Palmipèdes.

Le premier rapport a paru en 1877 et le septième, renfermant les observations faites du 1er janvier au 31 décembre 1882, a été présenté par M. Blasius au Congrès ornithologique de Vienne. Pour donner une idée de l'importance de cette publication, je dirai encore qu'elle ne comprend pas moins de 52 pages de texte et fournit des renseignement sur les migrations, la nidification ou la répartition géographique de plus de 200 espèces indigènes.

En Angleterre, il y a quelques années, l'Association britannique pour l'avancement des sciences a fondé un Comité dont les attributions sont un peu plus restreintes que celles des Comités allemand et autrichien, puisqu'il a pour mission exclusive l'étude des migrations des oiseaux. Néanmoins ce Comité qui, en 1882, se composait de six membres, MM. Newton, J.-A. Harvie-Brown, John Cordeaux, Ph.-M.-C. Kermode, R. M. Barrington et A.-G. More, a déjà recueilli une foule de documents intéressants, grâce au concours dévoué qu'il a trouvé chez les directeurs, les inspecteurs et les gardiens des phares, et il a publié de 1879 à 1882, dans les *Bulletins de l'Association britannique*, quatre rapports, d'une centaine de pages chacun, donnant le *mouvement des oiseaux* sur les côtes de l'Angleterre, de l'Écosse et de l'Irlande. Les éléments de ces rapports sont fournis soit par les observations personnelles des membres du Comité, soit par les indications portées sur des formulaires imprimés qui sont distribués aux gardiens des phares et que ceux-ci pour la plupart se font un devoir de remplir. Après avoir été primitivement classés par ordre chronologique, ces éléments sont maintenant disposés suivant une méthode qui est évidemment préférable : chaque observation est en effet attribuée soit à l'espèce, soit à la famille d'oiseaux à laquelle elle se rapporte, ce qui rend la comparaison plus facile entre les documents de source anglaise et ceux qui sont recueillis sur divers points de l'ancien continent ou dans la partie septentrionale du nouveau monde.

Aux États-Unis, en effet, une Société récemment fondée, l'Union ornithologique américaine, a, de son côté, institué, dans sa réunion générale du 26-28 septembre 1883, un Comité pour l'étude des migrations des oiseaux sur toute l'étendue des territoires de la Confédération et des possessions britanniques. Ce Comité a fait appel au zèle de tous les ornithologistes, chasseurs et amateurs d'oiseaux, en signalant à leur attention une cinquantaine d'espèces de Rapaces, de Passereaux et de Pigeons, tous les Échassiers, tous les oiseaux des côtes et tous les Palmipèdes, et, afin d'obtenir de ses correspondants des renseignements disposés sur un modèle uniforme, il a chargé son président, M. Merriam, de rédiger à leur intention des instructions détaillées. M. Merriam recommanda spécialement à tous les collaborateurs de ranger leurs documents en trois catégories : 1° Phénomènes ornithologiques; 2° Phénomènes météorologiques; 3° Phénomènes concomitants ou corrélatifs.

« I. — Phénomènes ornithologiques.

« Chaque observateur est prié de rédiger, le plus tôt possible, une liste complète des espèces d'oiseaux qui fréquentent les environs de sa station d'observations, et de noter au moyen des abréviations indiquées entre parenthèses, à laquelle des cinq catégories suivantes appartient chaque espèce :

« 1° *Oiseaux sédentaires* (*Permanent-Residents*), qui se trouvent pendant l'année dans le pays (R.);

« 2° *Visiteurs d'hiver* (*Winter-Visitants*), qui ne se rencontrent que pendant l'hiver et qui regagnent au printemps les régions septentrionales (W. V.);

« 3° *Oiseaux de passage* (*Transient-Visitants*), qui ne se montrent que pendant les migrations, au printemps et en automne (T. V.);

« 4° *Oiseaux d'été* (*Sommer-Residents*), qui nichent dans le pays, mais partent avant le commencement de l'hiver pour les contrées méridionales (S. R.);

« 5° *Visiteurs accidentels*, oiseaux égarés venus de districts éloignés (A. V.).

« Il serait bon d'indiquer aussi l'abondance relative de telle ou telle espèce, par les termes ci-après : *Abondant, Commun, Assez commun, Rare*.

« Dans beaucoup d'espèces les mâles arrivent plus tôt que les femelles; il est donc important de noter le sexe des premiers arrivants et la date à laquelle se montrent les premiers individus de l'autre sexe.

« En notant les arrivées et les départs, il est extrêmement important de distinguer les mouvements de la troupe principale de ceux de l'avant-garde et de l'arrière-garde. Aussi convient-il d'indiquer deux dates pour l'arrivée et deux pour le départ de chaque espèce non sédentaire, savoir :

« 1° La première apparition (*First appearance*) de l'espèce (F.);

« 2° L'arrivée du gros de la troupe (*Bulk*) (B. A.);

« 3° Le départ du gros de la troupe (B. D.);

« 4° Le départ du dernier individu (*Last*) (L.).

« Outre les renseignements précités, qui peuvent être considérés comme essentiels, il y en a même beaucoup d'autres qui seraient de nature à jeter quelque jour sur les causes encore si obscures des migrations; telles sont par exemple des observations sur les conditions dans lesquelles se trouve l'oiseau, sur son état de maigreur ou d'obésité, sur les mues qu'il subit, sur les caractères de son chant, sur les heures où il prend du repos, etc.

« II. — Phénomènes météorologiques.

« Quoique l'observateur ait tout intérêt à noter soigneusement

l'état de l'atmosphère, le Comité ne demande pas de renseignements météorologiques très circonstanciés et se contentera d'informations sur :

« 1° La direction et l'intensité du vent;

« 2° La direction, le caractère et la durée des tempêtes;

« 3° Les conditions générales de l'atmosphère et les chutes de
pluie;

« 4° Les successions de périodes chaudes et de périodes froides
bien définies et les variations brusques de température.

« III. — Phénomènes concomitants ou corrélatifs.

« Le Comité désire avoir sous ce rapport des renseignements
aussi complets que possible et demande des informations précises
sur :

« 1° La date à laquelle se montre le premier Crapaud;

« 2° La date à laquelle se fait entendre la première Grenouille;

« 3° La date à laquelle se fait entendre la première Rainette;

« 4° Les dates auxquelles certains mammifères et certains rep-
tiles s'engourdissent ou sortent de leur sommeil hibernal;

« 5° Les dates de la première apparition de divers insectes;

« 6° Les dates de première floraison de diverses plantes;

« 7° Les dates de l'apparition et de la chute des feuilles chez divers arbres ou arbustes;

« 8° Les dates du dégel et de la disparition des glaces sur les
lacs et les rivières au printemps et de la congélation de ces mêmes
étendues d'eau à l'automne. »

Je constaterai en passant que ce questionnaire ressemble, par
ses lignes générales, aux *Instructions pour l'observation des phénomènes périodiques des animaux et des végétaux*, rédigées sous la direction de M. Mascart, directeur du Bureau central météorologique,
et annexées, par les soins de votre Département, Monsieur le
Ministre, au programme du Congrès des sociétés savantes en 1884.
Ces instructions contiennent en effet, sous la rubrique *Observations sur les animaux*, le passage suivant :

« Les observations sur le règne animal comprendront les époques d'arrivée, de départ ou de passage des oiseaux migrateurs, celles où les oiseaux sédentaires construisent leurs nids ou font entendre leurs premiers chants, le moment où les animaux hibernants (Chauves-souris, Loirs, etc.) sortent de leur sommeil ou s'endorment, l'éclosion des insectes, l'apparition de quelques mollusques (Limaçons, Limaces, etc.). »

D'après les mêmes instructions, s'il se produisait quelque phénomène extraordinaire, comme l'apparition subite d'un grand nombre d'insectes peu connus auparavant dans la localité, les observateurs sont invités à en recueillir quelques échantillons pour en déterminer exactement l'espèce et à adresser au besoin ces spécimens au Bureau central météorologique.

Pour répondre aux vœux presque unanimes du Congrès de Vienne, il n'y aurait donc qu'à donner à ces instructions une portée plus large, à demander aux observateurs de noter non seulement les apparitions accidentelles d'insectes, mais, ce qui est également important, les apparitions subites et les migrations régulières des oiseaux; il faudrait les inviter aussi à adresser les spécimens qu'ils ont recueillis et sur lesquels ils conservent des doutes, non plus seulement à des météorologistes, mais encore et surtout à des naturalistes, que la question des apparitions fortuites et des migrations des oiseaux intéresse plus directement.

Ces naturalistes constitueraient, pour la France, un Comité semblable à ceux qui fonctionnent déjà en Allemagne, en Autriche, en Angleterre et en Amérique. Ils ne se borneraient pas à recueillir les renseignements nouveaux qui leur seraient adressés, ils extrairaient aussi des publications consacrées aux faunes locales tout ce qui concerne les migrations, la ponte et la nidification de différentes espèces; ils mettraient à profit les notes récemment publiées par M. Renou, par M. Mascart et par d'autres savants sur les dates de l'arrivée et du départ des Hirondelles et d'autres oiseaux indigènes; puis, de tous les documents qui restent maintenant épars ou qui passent trop souvent inaperçus, ils s'efforceraient de tirer des déductions qu'ils compareraient ensuite aux résultats obtenus par les Comités des autres nations. En effet notre faune ornithologique n'est pas assez tranchée, elle offre trop de points de contact, trop d'espèces communes avec les faunes des pays voisins pour qu'il soit possible de l'étudier isolément, et ce qui est vrai pour la France l'est également pour les autres contrées de l'Europe. Bien plus, la faune de l'Europe elle-même n'est pas complètement indépendante de celles de l'Afrique, de l'Asie ou même de l'Amérique du Nord, puisque, comme j'ai eu l'occasion de le rappeler, maintes espèces émigrent régulièrement de nos pays vers l'équateur ou *vice versa*, et que, d'autre part, quelques oiseaux venus de l'Inde, de la Tartarie, ou même des États-Unis et du Canada, se montrent accidentellement dans nos parages. Dans ces conditions, il est absolument nécessaire que les Comités des différents pays se communiquent réciproquement le fruit de leurs travaux et qu'ils entretiennent des relations constantes.

C'est dans ce but que M. le Dr Blasius a proposé au Congrès, comme je l'avais fait moi-même, la création d'un Comité international permanent, en rapport avec les Comités nationaux.

M. Blasius a montré également combien il serait désirable, d'une part que le Gouvernement autrichien agît auprès des Gouvernements qui ne se sont pas fait représenter au Congrès afin d'obtenir d'eux l'établissement de stations d'observations ornithologiques, d'autre part que les délégués des diverses nations fissent tous leurs efforts pour provoquer des créations analogues dans leurs pays respectifs; enfin il a fortement appuyé sur la nécessité de tracer, pour le Comité international aussi bien que pour les Comités nationaux, un programme général indiquant la nature et l'étendue des observations à faire, les principes à suivre dans le groupement des documents, etc.

Ces vœux de M. Blasius et ceux qui avaient été formulés par d'autres ornithologistes, dans le cours de la même séance, furent, à l'issue de celle-ci, soumis à une commission qui arriva sans trop de peine à les coordonner, et qui soumit au Congrès, dans la séance générale du 10 avril, le projet de résolutions suivant :

« RÉSOLUTIONS ADOPTÉES PAR LE CONGRÈS AU SUJET DE L'ÉTABLISSEMENT DE STATIONS ORNITHOLOGIQUES ET D'UN COMITÉ INTERNATIONAL PERMANENT.

« Le premier Congrès ornithologique international, réuni à Vienne, décide :

« 1° Qu'un Comité international permanent sera institué pour l'établissement de stations d'observations ornithologiques et que le Prince héritier Rodolphe d'Autriche sera prié de vouloir bien en accepter le protectorat;

« 2° Que le Gouvernement autrichien sera prié d'intervenir de la manière qu'il jugera la plus convenable auprès des Gouvernements qui ne se sont pas fait représenter au Congrès, afin d'obtenir d'eux la création de stations d'observations ornithologiques et le choix de personnes compétentes, qui seront adjointes aux membres précédemment choisis du Comité international;

« 3° Que les délégués des différents pays, présents au Congrès, seront invités à faire tous leurs efforts :

« A. Pour obtenir de leurs Gouvernements respectifs :

« *a.* L'établissement de stations ornithologiques;

« *b.* Des subventions pécuniaires pour l'entretien desdites stations et pour la publication d'un rapport annuel sur les observations faites;

« B. Pour provoquer la formation dans chaque État de Comités nationaux qui se mettront en relations avec le Comité international permanent.

« 4° Que le Comité international et les Comités nationaux devront procéder en s'inspirant des principes suivants :

« *a.* Les observations ornithologiques seront étendues successivement à toute la terre en commençant par l'Europe;

« *b.* Les observations seront rédigées, autant que possible, sur le même plan, les instructions du Comité allemand et du Comité autrichien pouvant à cet égard servir de modèles;

« *c.* La coordination des renseignements recueillis se fera de la même façon dans tous les États, c'est-à-dire que les observations seront classées systématiquement et par espèces (consulter à cet égard les rapports allemand et autrichien), que l'on adoptera autant que possible la même nomenclature et que, en tout cas, on se servira toujours des noms scientifiques;

« *d.* Dans chaque pays il sera dressé un catalogue des oiseaux indigènes, sur le modèle de celui qui a été rédigé pour l'Autriche-Hongrie par MM. de Homeyer et de Tchusi, et ce catalogue portera les noms locaux en regard des noms scientifiques;

« *e*. Pour obtenir des observations ornithologiques, il sera fait appel aux membres des Académies et autres sociétés savantes, aux directeurs de musées et de journaux d'histoire naturelle, aux professeurs, aux chefs de stations météorologiques, aux gardiens des phares, aux agents forestiers, au personnel des consulats, aux missionnaires catholiques et protestants;

« *f*. Si l'on est assuré du concours d'observateurs compétents, on cherchera à rassembler des renseignements sur toutes sortes d'oiseaux; dans le cas contraire, le Comité pourra signaler à l'attention de ses correspondants quelques espèces seulement, connues de tous les amateurs d'oiseaux;

« *g*. Il serait à désirer que les études des correspondants ne restassent point confinées dans les limites de l'ornithologie, mais s'étendissent à d'autres parties du règne animal, et même au règne végétal, et que des notes fussent prises en même temps sur les phénomènes météorologiques;

« *h*. Chaque État sera représenté dans le Comité international par un ou plusieurs délégués. »

CONSTITUTION DU COMITÉ INTERNATIONAL PERMANENT.

En vertu de ce dernier paragraphe, le Congrès a immédiatement procédé à l'élection des membres du Comité international et a désigné pour en faire partie :

MM. de Schrenck, Radde, Palmen et Bogdanow, pour la Russie;
de Tchusi, de Madarasz et Brusina, pour l'Autriche-Hongrie;
de Homeyer, R. Blasius et Meyer, pour l'Allemagne;
A. Milne Edwards et Oustalet, pour la France;
Giglioli et Salvadori, pour l'Italie;
Fatio et Girtanner, pour la Suisse;
Harwie-Brown, Cordeaux et Kermode, pour la Grande-Bretagne;
Collett, pour la Norvège;
le comte Thott, pour la Suède;
Lütken, pour le Danemark;
le baron de Sélys-Longchamps et Dubois, pour la Belgique;
Pollen, pour les Pays-Bas;

9

MM. Barboza du Bocage, pour le Portugal :

    Krüper, pour la Grèce ;

    Dokic, pour la Serbie ;

    le capitaine Blackiston, pour le Japon ;

    Anderson et da Cunha, pour les Indes britanniques ;

    Vorderman, pour Java ;

    Ramsay, pour l'Australie ;

    Buller, pour la Nouvelle-Zélande ;

    Merriam et Coues pour les États-Unis de l'Amérique du Nord ;

    le baron de Carvalho-Borges, pour le Brésil ;

    Philippi, pour le Chili ;

    Burmeister et Berg, pour la République argentine ; .

« Le Comité ainsi constitué est autorisé à s'adjoindre de nouveaux membres. »

Ce projet de la commission fut adopté à *l'unanimité* par le Congrès qui ratifia ensuite, comme je l'ai dit plus haut, les résolutions présentées par les bureaux des deux autres sections.

M. le marquis de Bellegarde, président d'honneur du Congrès, ayant déclaré au nom du Prince héritier d'Autriche-Hongrie que Son Altesse Impériale acceptait le protectorat du Comité international permanent, l'assemblée choisit comme président de ce Comité M. le D⊃r⊃ Rodolphe Blasius, de Brunswick, et comme secrétaire M. le D⊃r⊃ de Hayek ;

Dans la même séance du 10 avril, M. Fatio, en sa qualité de délégué de la Société des chasseurs suisses *Diana*, revint sur la nécessité de protéger, au même titre que les auxiliaires, le gibier de passage, beaucoup moins sauvegardé par les lois que le gibier sédentaire ; il indiqua, comme moyen de faire cesser les destructions de Cailles qui se font actuellement en Italie, des mesures que les États limitrophes hésiteront sans doute à appliquer et qui consisteraient soit dans l'interdiction complète de la vente du gibier à plume de provenance italienne, soit dans une élévation considérable des droits d'entrée sur les Cailles à la frontière. En même temps il demanda au Congrès de charger le Comité international permanent, institué pour l'établissement des stations d'observations ornithologiques, d'étudier aussi l'importante question de la protection des oiseaux et de présenter sur ce sujet un rapport au deuxième Congrès. Cette dernière proposition fut favorablement accueillie et votée sans discussion par l'assemblée, qui, sur la proposition de son président M. Radde, décida également à l'unanimité qu'un deuxième Congrès ornithologique international se réunirait, dans trois ans, dans une ville de Suisse, et, autant que possible, à Lucerne. Au nom de son pays, M. Fatio remercia le Congrès du choix qui venait d'être fait et exprima la conviction que, dans l'intervalle qui s'écoulera jusqu'à la deuxième réunion, les questions à l'étude feront d'importants progrès.

SÉANCE GÉNÉRALE DE CLÔTURE DU CONGRÈS.

Ainsi se terminèrent les travaux du Congrès, dont la dernière séance générale fut presque entièrement remplie par deux intéressantes communications faites par M. le Dr Blasius et par M. le Dr Radde, en présence de S. A. I. le prince héritier et de S. A. le prince de Cobourg; ces deux orateurs racontèrent sous une forme humoristique leurs excursions soit dans le nord de l'Europe, en Suède et en Norvège, soit sur les confins de l'Asie, dans le Caucase, au mont Ararat et sur les bords de la mer Caspienne; puis le Dr Radde, ayant adressé à l'archiduc Rodolphe des remercîments que les membres présents soulignèrent de leurs chaleureux vivats, le Prince répondit à cette allocution par quelques paroles remplies de bienveillance.

Avant la clôture officielle du Congrès, ses membres consacrèrent quelques heures de loisir à la visite des nouveaux monuments de la ville de Vienne, du palais du Parlement, de l'Hôtel de ville et du palais destiné à recevoir les collections d'histoire naturelle, et se trouvèrent réunis le 9 avril dans un banquet, où de nombreux toasts furent portés par les savants et les autorités de la ville de Vienne et par les représentants des différents pays. Dans cette occasion, comme pendant toutes les séances du Congrès, la plus grande cordialité n'a cessé de régner entre les naturalistes venus de tous les points de l'Europe, et, pour ma part, j'ai emporté le plus gracieux souvenir de la réception qui m'a été faite dans la ville de Vienne, que je visitais pour la première fois. J'ai eu particulièrement à me féliciter de mes relations agréables, soit avec mes collègues les délégués des autres pays, soit avec les membres de l'Union ornithologique de Vienne, et je tiens à remercier l'honorable président de cette société, M. le marquis de Bellegarde, de son bienveillant accueil.

CONCLUSIONS.

En terminant ce rapport sur la mission que vous m'avez fait l'honneur de me confier, je vous demanderai, Monsieur le Ministre, la permission d'appeler votre attention sur les points suivants :

1° Il n'existe pas d'ouvrage moderne spécialement consacré à la faune ornithologique française, tandis que de nombreuses publications ont été faites, dans le cours de ces dernières années, sur les oiseaux de l'Angleterre, de l'Allemagne, de la Belgique et de l'Italie. Les traités consacrés à l'étude des oiseaux d'Europe s'occupent, il est vrai, des oiseaux de France, mais d'une manière très succincte; ils renferment des descriptions qui ne sont bien comprises que des personnes déjà versées dans la science ornithologique. D'autre part les catalogues qui ont paru récemment sur divers points de notre pays ne comprennent que les espèces d'une région déterminée et souvent fort restreinte; ils fournissent des renseignements très intéressants sur la présence et les habitudes de quelques espèces dans des localités données, mais ils constituent des travaux isolés, sans lien commun. Il en résulte qu'à l'heure actuelle on ne peut indiquer d'une manière précise ni la distribution géographique ni les déplacements d'une espèce quelconque de notre faune, qu'on ne connaît pas exactement les dates de l'apparition et du départ des espèces émigrantes, les époques de la reproduction des espèces sédentaires, les variations de plumage dont elles sont susceptibles, etc... En un mot l'histoire des oiseaux de France présente encore une foule de lacunes. Ces lacunes ne peuvent être comblées que si l'on recueille de nouveaux documents et si l'on centralise ceux qui sont épars dans des publications locales.

Dans ces conditions, vous jugerez sans doute, Monsieur le Ministre, qu'un Comité ornithologique français pourrait rendre de grands services. Ce Comité aurait dans ses attributions tout ce qui concerne les oiseaux indigènes; il s'occuperait aussi de l'étude des espèces européennes ou exotiques qui se montrent accidentellement dans notre pays, et il se mettrait en relation avec les Comités analogues existant déjà dans d'autres pays et avec le Comité ornithologique international établi par un vote du Congrès. La création de ce Comité international a du reste pour conséquence naturelle l'établissement des Comités nationaux.

2° La chasse immodérée qui est faite, spécialement au moyen de pièges, de filets et d'autres engins, à nos oiseaux insectivores cause de sérieux préjudices à l'agriculture; l'existence d'une foule d'espèces utiles ou intéressantes est sérieusement compromise, et il est urgent qu'en France on prenne des mesures sévères pour les protéger. Une plus large diffusion des connaissances ornithologiques aurait d'excellents effets. Les habitants des campagnes et aussi ceux des villes apprendraient ainsi à protéger les oiseaux auxiliaires de l'agriculture et à favoriser leur multiplication. On pourrait arriver à ce résultat par des conférences, par des cours institués dans les écoles communales, par la création de musées scolaires renfermant des spécimens de la faune indigène, par l'établissement de nids artificiels disposés par les soins des maîtres d'école, etc.

Peut-être jugerez vous bon, Monsieur le Ministre, de renouveler à ce sujet les instructions déjà contenues dans quelques circulaires de vos prédécesseurs, en recommandant aux instituteurs d'enseigner aux enfants le respect de la plupart des oiseaux, on pourrait même dire de tous les oiseaux.

Des récompenses pourraient aussi être décernées aux maîtres qui auraient développé parmi leurs élèves le goût de l'histoire naturelle, qui auraient recueilli des observations sur les oiseaux de leur district et qui les auraient communiquées au Comité central. Autant que possible les sociétés savantes des départements seraient invitées à réunir des documents sur la faune locale, et à former *avant tout*, dans leurs musées respectifs, des collections régionales. Enfin le Comité ornithologique français s'efforcerait de son côté de provoquer des mesures législatives destinées à assurer, surtout au printemps, aux oiseaux utiles une protection plus efficace.

3° La question de l'origine de nos animaux domestiques, et celle de la Poule domestique en particulier, étant encore très obscure, il y aurait un grand intérêt à recueillir, d'une part des spécimens de toutes les races actuellement existantes, de l'autre des documents paléontologiques permettant de reconstituer des types disparus. Des instructions données dans ce sens aux voyageurs chargés de missions par votre Département pourraient, Monsieur le Ministre, fournir aux ornithologistes de nouveaux éléments d'étude et enrichir nos musées d'une foule de pièces extrêmement précieuses.

E. OUSTALET.

1ᵉʳ octobre 1884.